Hernandes Dias Lopes

mensagens selecionadas
para a família

© 2017 por Hernandes Dias Lopes

1ª edição: maio de 2017
3ª reimpressão: novembro de 2022

Revisão
Priscila Michel Porcher
Josemar de S. Pinto

Diagramação
Jonatas Belan

Capa
Maquinaria Studio

Editor
Aldo Menezes

Coordenador de produção
Mauro Terrengui

Impressão e acabamento
Imprensa da Fé

As opiniões, as interpretações e os conceitos emitidos nesta obra são de responsabilidade do autor e não refletem necessariamente o ponto de vista da Hagnos.

Todos os direitos desta edição reservados à
Editora Hagnos Ltda.
Av. Jacinto Júlio, 27
04815-160 — São Paulo, SP
Tel.: (11) 5668-5668

E-mail: hagnos@hagnos.com.br
Home page: www.hagnos.com.br

Dados Internacionais de Catalogação na Publicação (CIP)
Angélica Ilacqua CRB-8/7057

Lopes, Hernandes Dias

Mensagens selecionadas para a família / Hernandes Dias Lopes. – São Paulo: Hagnos, 2017.

ISBN 978-85-243-0530-6

1. Mensagens – Deus – Família 2. Família – Vida cristã 3. Encorajamento 4. Palavra de Deus (Teologia cristã) 5. Vida cristã I. Título

17-0352 CDD 242

Índices para catálogo sistemático:
1. Mensagens – Meditações – Vida cristã

Aos casais que procuram ferramentas para cuidar de sua família, e investir em seu casamento, em ter um relacionamento saudável com seus filhos, com seus pais e com seus irmãos.

SUMÁRIO

Prefácio 7

PARTE 1
Mensagens à família 9

PARTE 2
Mensagens aos cônjuges 61

PARTE 3
Mensagens aos pais 109

PARTE 4
Mensagens aos filhos 171

PREFÁCIO

Alvin Tofler, erudito escritor, disse com razão, que a família é o principal problema do mundo. A família merece nossos melhores investimentos. A ela devemos dedicar a prioridade do nosso tempo. Mesmo que alcançássemos todas as vitórias, conquistássemos todos os troféus e chegássemos ao topo do sucesso profissional, nada disso teria valor, se deixarmos para trás os escombros de nossa família.

A família tem sido atacada com armas de grosso calibre. Esse ataque vem de todos os lados, muitas vezes, da parte daqueles que deveriam defendê-la. Há uma orquestração contra a família. Forças ocultas e explícitas, emparedam a família e lançam contra ela torpedos mortíferos. O casamento, conforme instituído por Deus, tem sido atacado impiedosamente. Os papéis estão confusos na família. Há uma espécie de desconstrução dos valores morais que devem reger a família. Aplaude-se o vício e escarnece-se da virtude. Faz-se apologia daquilo que é vergonhoso e combate-se o que é eticamente saudável. Há uma inversão de valores. Chamam luz de trevas e trevas de luz.

O resultado desse ataque à família é que somos conhecidos como o século da ansiedade, da depressão, do divórcio, do aborto, da pedofilia, da infidelidade conjugal, da agressão à mulher, do suicídio. A única maneira de revertermos essa corrida desenfreada rumo ao colapso da família, é voltarmo-nos para os princípios estabelecidos por Deus, aquele que instituiu a família. Portanto, o propósito desta obra é compartilhar com o leitor, quais são esses princípios. Os textos são objetivos. São fundamentados na palavra de Deus. São práticos e de fácil assimilação. Podem ser lidos tanto de forma pessoal, como em reuniões de pequenos grupos.

Nossa expectativa é que este livro seja uma ferramenta preciosa nas mãos de Deus para encorajar você a cuidar de sua família, a investir em seu casamento, a ter um relacionamento saudável com seus filhos, com seus pais, com seus irmãos. Se a sua mente for iluminada pela luz da verdade e se o seu coração for tocado pelo poder do Espírito Santo de Deus, sentir-me-ei plenamente recompensado.

Boa leitura!

HERNANDES DIAS LOPES

PARTE I
Mensagens à família

Família, uma dádiva de Deus

> *Esposas, sede submissas ao próprio marido, como convém no Senhor. Maridos, amai vossa esposa e não a trateis com amargura. Filhos, em tudo obedecei a vossos pais; pois fazê-lo é grato diante do Senhor. Pais, não irriteis os vossos filhos, para que não fiquem desanimados* (Colossenses 3:18-21).

A fé em Cristo não apenas muda indivíduos, mas também famílias. Quem não é crente verdadeiro no lar dificilmente o será em outra parte. Não teremos igrejas santas nem uma sociedade justa se não tivermos lares estruturados. Em Colossenses 3:18-21, Paulo trata dos relacionamentos no contexto familiar. Não é a primeira vez que esse assunto é abordado no Novo Testamento. Esse tema é recorrente (Ef 5:22-6:4; 1Tm 2:8-13; Tt 2:1-8; 1Pe 3:1-7).

Os relacionamentos familiares passam por grande crise em nossos dias. O índice de separação conjugal já chega a 50% em alguns países. Muitas mães, na realidade mais da metade, trabalham fora de casa mesmo na fase em que suas crianças são pequenas. A metade das crianças entre 6 e 16 anos assiste de 20 a 25 horas de televisão por semana, e elas são grandemente influenciadas pelo que assistem. O uso de contraceptivos e preservativos, incentivado por uma ética relativista, empurrou os adolescentes e jovens para uma vida sexualmente promíscua. O sexo está cada vez mais fácil, e o casamento, cada vez mais frágil. A família está em crise.

Com a estrutura familiar desabando, percebemos que a igreja e a sociedade também estão, pois a sociedade é um espelho da família. Quando analisamos os princípios de Deus que devem reger os relacionamentos na família e no trabalho, descobrimos que eles foram esquecidos, rejeitados e até odiados. Mas há uma esperança, visto que eles jamais serão destruídos, pois são os princípios de Deus para uma sociedade saudável e justa.

Há princípios gerais que regem o relacionamento familiar. É totalmente possível desenvolvermos um relacionamento sadio dentro da família se lembrarmos que Cristo nos concede um novo poder. Vivemos em um mundo soterrado por várias filosofias morais que são apenas trens sem locomotiva, mas o cristianismo é o motor que nos impulsiona e nos capacita a viver de acordo com os princípios estabelecidos por Deus. Cristo nos dá uma ordem e também poder para que a cumpramos. Esposas e maridos, filhos e pais podem ter novos relacionamentos fundamentados no poder de Cristo.

Outro princípio que deve reger o relacionamento familiar é que Cristo nos oferece um novo propósito. O grande propósito da família é viver todos os relacionamentos para a glória de Deus (1Co 10:31), isto é, em nome de Cristo, dando por ele graças a Deus Pai (Cl 3:17). A única maneira correta de explicar Colossenses 3:18- 4:1 é à luz de Colossenses 3:17.

Também podemos destacar o princípio de que Cristo nos oferece novo modelo. Em Jesus encontramos o modelo para nossos relacionamentos, pois ele, como noivo da igreja, é o modelo para os maridos, devotando o seu amor espontâneo, perseverante, sacrificial, santificador e cuidadoso à igreja. Como Filho, Jesus foi submisso ao Pai celestial (Fp 2:8), bem como aos seus pais terrenos

(Lc 2:51). Como Senhor, Jesus serviu aos seus discípulos a ponto de lavar os pés de cada um deles (Jo 13:13-17). Portanto, Cristo é o supremo exemplo para o nosso relacionamento familiar.

Uma nova ética é outro princípio que rege o relacionamento familiar. A ética cristã não é recíproca. Tampouco tem dois pesos e duas medidas. De modo algum faz acepção de pessoas. Essa ética jamais defende que todos os deveres estão de um lado só, pois na ética cristã não há desequilíbrio nem injustiça. Há, sim, privilégios e responsabilidades para todos.

Paulo não realça o dever das esposas a expensas do dever dos maridos, o dever dos filhos a expensas do dever dos pais. O que ele realça é o equilíbrio. Fora da palavra de Deus, não há esse equilíbrio. Esse conceito de Paulo foi revolucionário, visto que no primeiro século as esposas, os filhos e os servos não tinham direitos.

Tanto sob as leis como sob os costumes judaicos e gregos, todos os privilégios pertenciam ao marido, e todos os deveres, à mulher. Mas no cristianismo temos pela primeira vez uma ética de obrigações mútuas. No mundo antigo os filhos não tinham direitos, de modo que os pais podiam deserdá-los, escravizá-los e até matá-los.

Cristo nos oferece um novo poder, um novo propósito, um novo modelo, uma nova ética e também uma nova motivação. A principal motivação da esposa, do filho e do servo é agradar ao Senhor Jesus. As três figuras que indicam submissão apontam para a dependência do Senhor (Cl 3:18,20,22-24): esposas, filhos e servos. Como servos de Cristo, devemos obedecer por causa do Senhor. Obviamente, essa obediência não é absoluta (At 5:29). O cristianismo ensina que todas as relações são no Senhor. A vida cristã deve ser vivida em Cristo. Na relação pai/filho, por exemplo, domina o pensamento da paternidade divina; portanto, devemos tratar nossos filhos como Deus trata seus filhos e filhas.

Assim como existem princípios gerais para o relacionamento familiar, também existem princípios específicos para o relacionamento conjugal (Cl 3:18,19). Deus tem princípios que devem reger a postura da esposa e princípios que devem nortear a postura do marido. Não existem dois pesos e duas medidas nessa área. Não há sobrecarga para um e alívio para o outro. Não há apenas ônus para um e bônus para o outro. Ambos, marido e mulher, têm privilégios e responsabilidades.

Nos ensinos de Paulo aprendemos sobre a submissão da esposa ao marido (Cl 3:18). Primeiramente, é bom esclarecer que a submissão não é uma questão de inferioridade, visto que todos os crentes precisam se submeter uns aos outros (Ef 5:21). Tanto o homem como a mulher são um em Cristo (Gl 3:28). A submissão também não é uma questão de valor pessoal, mas de função na estrutura familiar. Uma instituição não pode ser acéfala nem bicéfala. Um corpo sem cabeça ou com duas cabeças é anômalo.

A submissão não pode ser confundida com "escravidão" ou "subjugação". A autoridade do marido não se perfaz num governo ditatorial ou tirano, mas sim numa liderança amorosa. A posição de liderança do homem é apenas funcional, pois o homem não é melhor do que a mulher, nem a mulher é inferior ao homem. A mulher veio do homem, e o homem vem da mulher. Eles são interdependentes (1Co 11:11,12). Assim como Deus Pai, sendo o cabeça de Cristo, não é maior do que Cristo, assim também o homem não é maior do que a mulher.

Ainda dentro do assunto da submissão da esposa a seu marido, é preciso dizer que essa submissão é uma ordem divina (Cl 3:18). *Esposas, sede submissas ao próprio marido...* As ordenanças divinas não são para nos escravizar, mas para nos libertar. A submissão é a liberdade e a glória da esposa, assim como a submissão da igreja a Cristo é sua glória e liberdade. Os preceitos de Deus não nos escravizam, mas nos libertam. Então, a mulher só é verdadeiramente livre quando obedece ao princípio estabelecido por Deus da submissão ao marido. Esse conceito pode ser ilustrado pela

PARTE I — MENSAGENS À FAMÍLIA

figura de um trem que só é livre para correr quando desliza sobre os trilhos, ou por um motorista que é livre para dirigir o seu carro quando o conduz segundo as leis de trânsito.

Essa submissão, como já dissemos, não é escravidão. A mulher não se submete a um tirano, mas a quem a ama como Cristo ama a igreja. Nenhuma esposa tem dificuldade de ser submissa a um marido que a ama como Cristo amou a igreja.

A submissão para Paulo é voluntária e se baseia no reconhecimento da ordem divina. A submissão da esposa ao marido é uma atitude de respeito e valorização do marido, que redunda num desejo natural de servi-lo, apoiá-lo e obedecer-lhe.

A submissão da esposa a seu marido também é uma atitude espiritual (Cl 3:18). *Esposas, sede submissas ao próprio marido, como convém no Senhor.* A mulher deve submeter-se ao marido exatamente porque ela está debaixo do senhorio de Cristo. É impossível uma mulher ter uma relação de submissão a Cristo e de insubmissão ao marido. A submissão da esposa ao marido é um desdobramento da sua obediência a Cristo. Porque a mulher é submissa a Cristo, ela se submete ao marido. A NVI traz uma versão mais clara do texto em questão: *Mulheres, sujeite-se cada uma a seu marido, como convém a quem está no Senhor.* A versão King James lança mais luz: *Mulheres, cada uma de vós seja submissa ao próprio marido, pois assim deveis proceder por causa da vossa fé no Senhor.* A obediência a uma pessoa na sua hierarquia é reflexo de um ato primário de obediência ao Senhor celestial, Cristo.

O último item sobre a submissão da esposa a seu marido diz que essa submissão não é absoluta (Cl 3:18). A mulher só deve ser submissa ao marido até o ponto em que não seja forçada ou constrangida a transgredir a Palavra de Deus. Então, sua obediência a Cristo está acima de sua submissão ao marido, ou seja, acima da autoridade do marido está a soberania do Senhor. Portanto, a esposa deve procurar fazer a vontade do marido quando esta coincidir com a vontade de Deus.

Depois de abordarmos a submissão da esposa ao marido, convém falarmos do amor do marido à esposa (Cl 3:19). Se a mulher deve submeter-se ao marido como a igreja é submissa a Cristo, o marido deve amar a esposa como Cristo ama a igreja. O padrão desse amor, ágape, está claro em Efésios 5:25: *Maridos, amai vossa mulher, como também Cristo amou a Igreja e a si mesmo se entregou por ela.*

Primeiramente, devemos destacar que o amor do marido à sua esposa é um claro mandamento de Deus. A palavra do Senhor diz: *Maridos, amai vossa esposa...* Essas palavras estão no imperativo. Mas esse amor não é um amor qualquer, pois o marido deve amar a esposa como Cristo ama a igreja, ou seja, com um amor perseverante, santificador, cuidadoso, romântico e sacrificial. O amor do marido para com sua esposa deve ser paciente, benigno e livre de ciúme, pois o amor verdadeiro *... não se ufana, não se ensoberbece, não se conduz inconvenientemente, não procura os seus interesses, não se exaspera, não se ressente do mal; não se alegra com a injustiça, mas regozija-se com a verdade; tudo sofre, tudo crê, tudo espera, tudo suporta. O amor jamais acaba...* (1Co 13:4-8).

Outra característica do amor do marido à esposa é que esse amor o impede de agredi-la com palavras e atitudes (Cl 3:19). *... não a trateis com amargura* refere-se à impaciência e aos resmungos que criam tensão no relacionamento, gerando desânimo. Então, em vez de tratar a esposa com amargura, ele precisa ser bálsamo na vida dela, precisa ser um instrumento que alivia tensões, um amigo presente, um companheiro sensível que vive a vida comum do lar, servindo e protegendo a esposa.

O marido não deve criticar a esposa nem agredi-la com palavras; antes, deve elogiá-la tanto no recesso do lar (Ct 4:7) quanto publicamente (Pv 31:28,29). O marido deve buscar meios de agradar a esposa (1Co 7:33,34). É bom que os maridos se lembrem de que nada fere mais uma mulher do que palavras rudes. A versão King James traz esse versículo da seguinte maneira: *Maridos, cada um de vós ame sua esposa e não a trate com grosseria* (Cl 3:19). A palavra grega *pikraineste* traz a ideia de amargo, chato e irritante. Evoca o sentido de atrito causado por impaciência e por "falação" impensada. Se o amor está ausente, a submissão não estará presente justamente por causa dessa perpétua irritação. O texto não fala que foi uma atitude da esposa que ocasionou esse sentimento amargo do marido. Então, quem Paulo está exortando aqui é o marido rabugento, irritadiço e que faz tempestade em copo d'água.

Para resumir, o marido precisa ter palavras amáveis e atitudes generosas. Ele deve ser perdoador em vez de ter um arquivo vivo de lembranças doentias e reminiscências amargas.

O texto de Colossenses também fala acerca dos princípios de Deus para o relacionamento entre filhos e pais (3:20,21). Deus tem princípios importantíssimos para construir uma relação de harmonia e paz entre pais e filhos. Para que haja essa relação harmoniosa e pacífica, é preciso existir obediência dos filhos em relação aos pais e uma comunicação dos pais em relação aos filhos.

A obediência dos filhos aos pais está presente no versículo 20: *Filhos, em tudo obedecei a vossos pais; pois fazê-lo é grato diante do Senhor.* A versão NVI expressa essa ideia de forma mais clara: *Filhos, obedeçam a seus pais em tudo, pois isso agrada ao Senhor.* De acordo com esse versículo, a obediência que os filhos devem aos pais é imperativa, abrangente e agradável a Deus.

A obediência dos filhos aos pais é imperativa, pois a autoridade dos pais é delegada por Deus. Por isso, rejeitar a autoridade deles é o mesmo que rejeitar a autoridade de Deus. A rebeldia ou desobediência aos pais é um grave pecado e traz consequências muito sérias aos infratores. É como o pecado da feitiçaria. Os filhos que não aprendem a obedecer aos pais não vão obedecer a outras autoridades. A desobediência aos pais é um sinal da decadência do mundo (Rm 1:30). Também é um sinal do fim do mundo (2Tm 3:1-5). A força de uma nação é derivada da integridade dos seus lares.

A triste realidade é que o filho que não aprende a obedecer aos pais dificilmente se sujeitará a qualquer autoridade quando adulto. Quando criança ele afrontará os professores; futuramente, a polícia, os patrões e qualquer pessoa que tente exercer autoridade sobre ele. Então, percebemos que o colapso da autoridade em nossa sociedade reflete o colapso da autoridade no lar.

A obediência dos filhos aos pais é também abrangente. Essa obediência deve ser integral, alegre e voluntária. A obediência parcial pouco difere da desobediência, e desobediência é rebelião. Então, os filhos precisam obedecer em tudo, e não apenas naquilo que lhes dá prazer. Muitos filhos seriam poupados de dores, lágrimas e perdas irreparáveis se tivessem obedecido a seus pais. A obediência pavimenta a estrada da bem-aventurança.

Por fim, a obediência dos filhos aos pais é agradável a Deus. E isso porque Deus mesmo já estabeleceu uma recompensa para essa obediência: vida bem-sucedida e longa sobre a terra (Êx 20:12; Dt 5:16; Ef 6:1-3). O filho não pode ter uma boa relação com Deus se a sua relação com os pais estiver truncada, pois, antes de constituir uma relação de intimidade com Deus, é preciso pavimentar o caminho da relação com os pais. Quando eu tinha 12 anos, saí de casa para estudar porque meus pais sempre moraram na região rural. Aos 19 anos, fui para o seminário e aos 23 anos já tinha sido ordenado pastor. Durante todo esse trajeto, jamais perdi o princípio da obediência aos meus pais. Essa atitude me salvou, algumas vezes, de desastradas decisões. Diante de tudo o que foi dito, gostaria de enfatizar que o filho não deve obedecer apenas quando tem vontade ou quando está concordando com a decisão dos pais. Ele deve obedecer por princípio, sabendo que Deus vai honrar sua decisão de obediência.

PARTE I — MENSAGENS À FAMÍLIA

Para viver de maneira harmoniosa e pacífica, também é necessária a comunicação dos pais com os filhos (Cl 3:21). *Pais, não irriteis os vossos filhos, para que não fiquem desanimados.* Sobre a irritação que os pais não devem provocar nos filhos, o apóstolo Paulo destaca três pontos importantes: a forma, a gravidade e o resultado da irritação.

Sobre a forma da irritação, podemos levantar a questão: Quando isso acontece? E as possíveis respostas são: 1) Quando não há coerência nos pais, ou seja, falam uma coisa e vivem outra. 2) Quando não há regras claras na disciplina, ou seja, os filhos são num momento elogiados e noutro disciplinados pela mesma atitude. 3) Quando não há diálogo — Absalão chegou a preferir a morte ao silêncio do pai. 4) Quando há injustiça ou excesso de severidade. 5) Quando os pais não têm tempo para os filhos, para ouvi-los, orientá-los e ajudá-los em suas necessidades. 6) Quando os pais comparam um filho com outro e despertam entre eles ciúmes, inveja e ódio. 7) Quando pai e mãe entram em conflito acerca da maneira de orientar os filhos. 8) Quando os pais são permissivos ou duros demais com os filhos. 9) Quando os pais brigam o tempo todo ou desfazem os laços do casamento pelo divórcio.

Há pais que, por serem liberais, empurram os filhos para o abismo da permissividade e da licenciosidade. Por outro lado, há pais que são tão rígidos, dogmáticos e severos na disciplina que os filhos são condenados a conviver com um espírito cheio de apatia e de revolta. O caminho cristão é disciplinar com amor e perdão, seguindo o modelo de Deus (Ef 6:4; Hb 12:4-12).

Quando falamos sobre a gravidade da irritação, referimo-nos ao fato de os pais pecarem contra Deus porque se insurgem contra os princípios estabelecidos por ele. Os pais pecam contra os filhos porque destroem a vida emocional e espiritual deles em vez de educá-los com amor e sabedoria. Os pais que não conseguem disciplinar a si mesmos não são capazes de disciplinar os filhos. Só quando os pais se sujeitam ao Senhor é que podem exercer autoridade apropriada e equilibrada sobre os filhos, e isso tanto na área física como na espiritual. A palavra grega *erethzein*, que significa "irritar", sugere um desejo de irritar pela implicância ou, ainda mais sério, zombar dos esforços e ferir o respeito próprio. Quando pais irritam filhos, o que acontece é uma agressão psicológica. Então, há pais que agridem os filhos fisicamente, e outros que os agridem psicologicamente. O resultado da irritação é nada mais, nada menos que filhos desanimados. E filhos desanimados ficam expostos aos ataques de Satanás e do mundo. Quando uma criança não é devidamente encorajada em casa, procura autoafirmação em outros lugares. A palavra grega *anthumosin*, desanimar, perder a coragem, o ânimo, traz a ideia de desempenhar suas tarefas de modo mecânico, frio, sem estar atento, sem ter prazer em realizá-las.

Os pais precisam dosar disciplina e encorajamento. Há filhos que pensam: "Não importa o que eu faça, jamais vou conseguir agradar os meus pais". Então, esses filhos ficam desanimados. Um exemplo é o filho que chega em casa eufórico e diz ao pai: "Eu consegui tirar 9 na prova de matemática!", e o pai, sem vibrar com sua conquista, diz: "E quando é que você vai tirar 10?" Creio que a melhor atitude seria: "Meu filho, eu estou vibrando com sua grande nota. Quero lhe dizer que, se você tivesse tomado bomba na prova, eu ficaria triste, mas o meu amor por você seria o mesmo. Eu amo você não apenas por aquilo que você alcança, mas por quem você é".

De fato, filhos desanimados são presas fáceis na rede de Satanás. A história de John Starkey ajuda-nos a entender melhor essa verdade. Esse homem foi um violento criminoso. Ele assassinou a própria esposa. Foi preso e executado. Pediram ao general William Both, fundador do Exército de Salvação, para fazer o ofício fúnebre. Então, mirando aquela triste multidão, William disse: "John Starkey jamais teve uma mãe de oração".

Prioridades na família

> Eis por que deixará o homem a seu pai e a
> sua mãe e se unirá à sua mulher, e se tornarão
> os dois uma só carne (Efésios 5:31).

A família é um projeto de Deus. Foi a primeira instituição divina. Foi criada para a glória de Deus e também para a nossa felicidade. Para que a família alcance esse elevado propósito, é imprescindível a observância de algumas prioridades.

1. DEUS PRECISA VIR ANTES DAS PESSOAS. Como filhos de Deus, devemos amá-lo com toda a nossa alma e de toda a nossa força. Devemos buscar em primeiro lugar o seu reino e a sua justiça. Para ser um discípulo de Jesus é preciso estar disposto a deixar pai e mãe e amá-lo mais do que a qualquer pessoa. Ou Deus ocupa o primeiro lugar em nossa vida, ou ainda não sabemos o que é segui-lo. É importante destacar que, quanto mais amamos a Deus, mais amamos nossa família e mais fortes ficam nossos relacionamentos interpessoais. Nossa relação com Deus cimenta os demais relacionamentos, colocando-os numa perspectiva correta.

2. O CÔNJUGE PRECISA VIR ANTES DOS FILHOS. Peca contra o cônjuge e os filhos aquele que coloca os filhos em primeiro plano e o cônjuge em segundo. O maior presente que podemos dar aos nossos filhos é amar, com desvelo, o nosso cônjuge. A maior necessidade dos filhos é ver o exemplo dos pais. Não há família saudável

onde os relacionamentos estão fora dos trilhos. Investimos nos filhos quando investimos em nosso casamento. Cuidamos dos filhos quando priorizamos nosso cônjuge. Muitos casais cometem o grave erro de desenobrecer a relação conjugal e depois tentam compensar com um relacionamento desequilibrado com os filhos. Essa atitude não apenas fragiliza a relação conjugal, mas também faz adoecer emocionalmente os filhos.

3. OS FILHOS PRECISAM VIR ANTES DOS AMIGOS. Nossos amigos são importantes, mas nossos filhos são ainda mais importantes. Aqueles que não cuidam da própria família negam a fé, são piores do que os incrédulos e estão em total descompasso com o projeto de Deus. De forma alguma podemos sacrificar nosso relacionamento com os filhos para dar mais atenção aos amigos. Nenhum sucesso vale a pena quando o preço a pagar é o sacrifício dos nossos filhos. Geralmente, filhos de grandes homens têm dificuldades, pois os homens que ficam sob os holofotes públicos estão muito ausentes em casa. Então, os pais precisam entender que seus filhos são prioridade. Precisam investir neles o melhor do seu tempo e o melhor de seus recursos. Precisam criá-los na admoestação e na disciplina do Senhor. Não podem provocá-los à ira para que não fiquem desanimados.

4. AS PESSOAS DEVEM VIR ANTES DAS COISAS. Vivemos numa sociedade materialista e consumista. Nessa sociedade, as prioridades estão invertidas. As pessoas se esquecem de Deus, amam as coisas e usam as pessoas. Devemos, ao contrário, adorar a Deus, amar as pessoas e usar as coisas. Quando colocamos coisas no lugar de pessoas, tornamo-nos insensíveis e apartamo-nos do projeto de Deus. Há pessoas que, infelizmente, têm mais cuidado com o carro do que com os membros da família. São mais zelosas com seus objetos pessoais do que com os relacionamentos dentro de casa. Amam mais os bens materiais do que os membros da família.

PARTE I — MENSAGENS À FAMÍLIA

5. O REINO DE DEUS PRECISA VIR ANTES DOS NOSSOS PROJETOS. Temos visto muitos crentes dando a Deus a sobra dos seus bens, de seus talentos e do seu tempo. São pessoas que só se preocupam com as coisas terrenas. Correm atrás dos próprios interesses enquanto a obra de Deus fica em segundo plano. Essas mesmas pessoas, nas palavras do profeta Ageu, semeiam muito e colhem pouco; vestem-se, mas não se aquecem; comem, mas não se satisfazem; e o salário que recebem, colocam-no num saco furado. O pouco que trazem, Deus o assopra, porque não aceita sobras, uma vez que requer primícias. Portanto, precisamos buscar em primeiro lugar o reino de Deus. Precisamos investir as primícias da nossa renda na promoção do reino de Deus. Precisamos investir em causas de consequências eternas.

Nossa felicidade pessoal e familiar só alcançará sua plena realização quando essas prioridades estiverem alinhadas em nossa vida.

Família, lugar de amizade

> *Ninguém tem maior amor do que este: de dar alguém a própria vida em favor dos seus amigos* (João 15:13).

O livro de Provérbios enaltece a verdadeira amizade quando diz: *Em todo tempo ama o amigo, e na angústia se faz o irmão* (Pv 17:17). Os nossos melhores amigos devem estar dentro da nossa casa. Nossos amigos mais achegados sempre devem ser os membros da nossa própria família. Infelizmente, escasseiam-se os exemplos nobres da verdadeira amizade. Nem todas as pessoas que desfrutam da nossa amizade são amigos verdadeiros. A palavra de Deus fala de Jonadabe, sobrinho de Davi, que deu um perverso conselho a Amnom, filho mais velho do rei. A influência perversa de Jonadabe trouxe grandes tragédias para a família de Davi. Há amigos nocivos que são agentes de morte, e não embaixadores da vida. Há amigos utilitaristas que só se aproximam de você para obter algum proveito pessoal. Há amigos de boteco que apenas alugam seus ouvidos para conversas tolas e indecorosas. O verdadeiro amigo é aquele que está ao seu lado na hora mais escura da vida. É aquele que chega quando todos já se foram. O amigo ama sempre, e na desventura é que se faz o irmão.

A família é esse canteiro divino onde devemos cultivar a amizade verdadeira. Um dos exemplos clássicos dessa amizade é a devoção de Rute à sua sogra, Noemi. Muito embora Rute fosse

PARTE I – MENSAGENS À FAMÍLIA

moabita, e Noemi, uma viúva pobre, estrangeira e idosa, Rute apega-se a ela e torna-se melhor do que dez filhos para ela. Rute e Noemi, ambas viúvas, emergem das brumas do desalento e, fortalecidas pela amizade e sustentadas pela divina providência, fazem uma jornada pontilhada de vitórias esplêndidas, pois Rute tornou-se avó do rei Davi e ancestral do Messias.

A família precisa ser lugar de encorajamento para os fracos e de ânimo para os abatidos. A família é o hospital de recuperação para os doentes e o campo de treinamento para os grandes embates da vida. Na família somos aceitos não por causa de nossas virtudes, mas apesar de nossos fracassos. É no recôndito do lar que nosso caráter é forjado, nossa personalidade é firmada e nosso temperamento é provado. Na arena da família, quando caímos, somos levantados. Quando ficamos tristes, somos consolados. Quando erramos, somos perdoados. A família é lugar de aceitação, perdão e cura. É no recôndito sagrado da família que temos os mais sinceros amigos, aqueles que estarão ao nosso lado mesmo quando todos nos abandonarem, e que iluminarão nosso caminho mesmo nas noites mais escuras da alma.

A vida seria cinzenta sem verdadeiras amizades. Não fomos criados para a solidão. Deus nos fez à sua imagem e semelhança e ele é plenamente feliz na plena comunhão que sempre existiu entre as três pessoas da Trindade. Por termos as digitais do criador estampadas em nossa vida, a solidão nos é estranha e amarga. Nascemos dentro de uma família, e Deus ordena que constituamos uma família. É na família que usufruímos o pleno significado da existência. É na família que crescemos e nos multiplicamos. É na família que cumprimos o nosso mandato cultural. É na família que aprendemos a dar e a receber, a respeitar e a perdoar uns aos outros. É na família que aprendemos a suportar uns aos outros em amor. É na família que cultivamos a verdadeira amizade.

Nem sempre, porém, a amizade trescala seu perfume embriagador na família. Às vezes, há hostilidades e mágoas; outras vezes, há ódio e indiferença. Em muitas famílias, as pessoas têm o mesmo sobrenome e moram debaixo do mesmo teto, mas não se amam nem se respeitam. Vivem sem o óleo da alegria e sem o bálsamo da paz. É hora de cultivarmos amizades sinceras e desfrutarmos das amizades leais. É hora de imitarmos Cristo, nosso supremo modelo. Dele são as palavras: *Ninguém tem maior amor do que este: de dar alguém a própria vida em favor dos seus amigos* (Jo 15:13).

Família, nosso maior tesouro

> *Ora, se alguém não tem cuidado dos seus e especialmente dos da própria casa, tem negado a fé e é pior do que o descrente* (1Timóteo 5:8).

A família está sendo atacada com rigor desmesurado por aqueles que deveriam protegê-la. Os legisladores, os governantes, os magistrados, a imprensa, a mídia, a academia, os formadores de opinião, ao invés de fazer uma cruzada em favor da família, muitas vezes drapejam suas bandeiras contra ela. Querem desconstruí-la. Querem acabar com a ideia de gênero. Querem confundir os papéis no casamento. Querem jogar a família na região cinzenta do relativismo absoluto. Querem zombar da honra e aplaudir o vício.

É lamentável que aqueles que legislam, governam e julgam, não raro, não manifestam qualquer compromisso com os castiços valores cristãos que forjaram, guiaram e protegeram a família ao longo dos séculos. Destruir os fundamentos da família, entretanto, provoca um colapso na própria sociedade. Lutar contra a família, como legítima instituição divina, é conspirar contra nós mesmos, é declarar uma guerra insana para a nossa própria destruição.

Destaco aqui três pontos para nossa reflexão.

1. A FAMÍLIA É NOSSO MAIOR TESOURO PORQUE FOI INSTITUÍDA POR DEUS PARA O NOSSO MAIOR BEM E A NOSSA MAIS PLENA FELICIDADE. A família é ideia de Deus. Nasceu no coração

de Deus, no céu, na eternidade. O mesmo Deus que instituiu a família estabeleceu princípios para governá-la. Deus criou o homem e a mulher, instituiu o casamento e uniu-os numa relação de plena comunhão emocional, espiritual e física. O casamento, segundo o preceito de Deus, é heterossexual, monogâmico, "monossomático" e indissolúvel. Consequentemente, as relações entre homem e homem e entre mulher e mulher estão em aberta oposição aos preceitos divinos. No casamento devem prevalecer o amor e a fidelidade, a fim de que a intimidade física seja desfrutada com pureza e deleite. Só dentro dessa perspectiva a família pode cumprir seu desiderato e dar ao mundo uma descendência santa.

2. A FAMÍLIA É NOSSO MAIOR TESOURO PORQUE É GUIADA POR DEUS PARA CUMPRIR SUA VOCAÇÃO NO MUNDO. A família tem o papel de criar filhos no temor de Deus, para cumprir no mundo seu mandato cultural e espiritual. Mesmo vivendo numa sociedade decadente, a família deve ser governada pela santidade. Mesmo vivendo numa cultura de relativismo, a família precisa viver dentro das balizas da verdade absoluta. Nossos filhos são herança de Deus e merecem nossa maior atenção. Os filhos são como flechas na mão do guerreiro. Os pais carregam os filhos e depois os lançam para longe, na direção do projeto de Deus. Nossos filhos devem cumprir o plano de Deus e ser vasos de honra nas mãos do Altíssimo. Nossos filhos devem ser reparadores de brechas e portadores de boas-novas de salvação. Devem contribuir decisivamente na construção de uma sociedade mais humana, mais justa e mais solidária.

3. A FAMÍLIA É NOSSO MAIOR TESOURO PORQUE É UM PRESENTE DE DEUS DO QUAL DEVEMOS CUIDAR COM O MÁXIMO DESVELO. Seria uma consumada insensatez gastarmos nosso tempo correndo atrás de coisas, relegando nossa família a um plano secundário. Nenhum sucesso compensa o fracasso da família. Construir o sucesso pessoal sobre os escombros da família é

loucura. A vitória sem a valorização da família tem sabor amargo. Devemos dedicar o melhor do nosso tempo e o melhor dos nossos recursos na formação espiritual, moral e intelectual da família. Investir na família é investir em nós mesmos. Semear nesse canteiro fértil é a garantia de uma abundante colheita. Quando a família vai bem, a igreja é edificada. Quando a família vai bem, a pátria é bem-aventurada. Quando a família vai bem, os céus se alegram com a terra. Quando a família vai bem, todos, irmanados, caminhamos rumo à bem-aventurança!

A decisão de servir a Deus na família

Porém, se vos parece mal servir ao SENHOR, *escolhei, hoje, a quem sirvais: se aos deuses a quem serviram vossos pais que estavam dalém do Eufrates ou aos deuses dos amorreus em cuja terra habitais. Eu e a minha casa serviremos ao* SENHOR (Josué 24:15).

Sua família é o maior patrimônio que você tem. Bens, diplomas e sucesso profissional perdem o significado para você sem a felicidade de sua família. Na verdade, nenhum sucesso compensa o fracasso da família. Não podemos construir nossa felicidade sobre os escombros da família. Não é prudente alçarmos voos solitários, fazendo carreira solo, deixando a família para trás. Não é coerente ser uma pessoa acessível para os estranhos e incomunicável dentro de casa. Não é racional sermos amáveis com os estranhos e truculentos dentro do lar. Não é consistente sermos piedosos na igreja e profanos no recesso da família. Nossa família precisa estar a serviço de Deus dentro e fora dos portões.

Há muitas famílias doentes e feridas. Há muitas famílias precisando de cura e restauração. Deus ama a família, pois a instituiu. Deus não abre mão da família, pois esta é uma agência do seu reino na terra. Josué, o grande líder que substituiu Moisés e introduziu

PARTE I — MENSAGENS À FAMÍLIA

o povo de Israel na terra da promessa, deu testemunho diante de toda a nação de que ele e sua casa serviriam ao Senhor (Js 24:15). A essa altura, Josué tinha prestígio e bens, sucesso e fama, mas nenhuma conquista pessoal diminuiu seu propósito de consagrar sua família a Deus. Corremos o risco de priorizar outras coisas na família. Buscamos a prosperidade financeira. Cobiçamos o sucesso profissional. Investimos na formação intelectual dos nossos filhos. Disputamos o nosso lugar ao sol. Embora essas bandeiras sejam legítimas, nada disso nos aproveitará se descuidarmos do principal, que é colocar nossa família no altar de Deus para o servir com alegria e fervor. De que maneira podemos servir a Deus na família?

1. PODEMOS SERVIR A DEUS NA FAMÍLIA POR MEIO DE RELACIONAMENTOS ORIENTADOS PELAS ESCRITURAS. Não podemos servir a Deus, sendo uma bênção para o mundo, se não somos um exemplo dentro de casa. O que somos no lar é o que refletimos no mundo. Nossa vida familiar é o alicerce do nosso testemunho fora dos portões. Uma família na qual o marido agride a esposa com palavras e atitudes; uma família em que a esposa não se submete ao marido, antes o trata com desprezo; uma família em que os pais provocam os filhos à ira e os tratam com amargura, deixando-os desanimados; uma família cujos filhos desonram os pais e rejeitam seu ensino e exemplo não pode servir a Deus nem ser luz para outras famílias. Precisamos de famílias que vivam em harmonia, que cultivem relacionamentos saudáveis, que andem segundo as balizas da palavra de Deus.

2. PODEMOS SERVIR A DEUS NA FAMÍLIA PELO ABANDONO DE PRÁTICAS QUE DESONRAM O SENHOR. O povo de Israel, ao entrar na terra prometida, começou a se esquecer de Deus, a murmurar contra Deus e a imitar o culto dos povos pagãos. Entregaram-se à imoralidade e à idolatria. Capitularam a várias práticas pecaminosas e fizeram alianças perigosas que acabaram destruindo a própria nação. O pecado é sorrateiro e sutil. O diabo é um estelionatário,

e o pecado é uma fraude. O pecado parece inofensivo e apetitoso. Mas aqueles que se rendem a ele acabam prisioneiros e atados com grossas correntes. Uma família feliz é aquela que busca a santificação; que lança fora de sua casa aquilo que é abominável ao Senhor; que não põe diante dos seus olhos coisa imunda; que não introduz dentro de sua casa posses mal adquiridas; que não transforma o lar num ambiente de intriga, discussões amargas e maledicências sem fim. A família feliz ama a Deus e odeia o pecado. A família bem-aventurada abandona toda forma de mal e busca ansiosamente as coisas lá do alto, onde Cristo vive.

3. Podemos servir a Deus na família pela renovação de propósitos elevados que glorificam o Senhor. Precisamos constantemente rever nossos conceitos e valores e ter coragem de mudar, buscando alinhar nossa vida aos princípios da Palavra de Deus. Devemos restabelecer na família a prática do culto doméstico. Devemos manter sempre acesa no altar da família a chama da oração. Precisamos amar a casa de Deus, tendo prazer em buscar em primeiro lugar o reino de Deus e sua justiça. Devemos restabelecer no lar a prática do diálogo regado de compreensão e amor. Precisamos ser cautelosos nas críticas e pródigos nos elogios. Precisamos ter disposição para perdoar e jamais guardar mágoas no coração. Precisamos investir mais e cobrar menos. Precisamos fazer da nossa casa o melhor ambiente onde se viver. Precisamos, à semelhança de Josué, dizer: *Eu e a minha casa serviremos ao* Senhor (Js 24:15).

Princípios para uma boa comunicação no lar

> Sabeis estas coisas, meus amados irmãos. Todo homem, pois, seja pronto para ouvir, tardio para falar, tardio para se irar (Tiago 1:19).

A comunicação inteligente, respeitosa e harmoniosa é o cerne de um relacionamento familiar saudável. Podemos dar vida ou matar o relacionamento, dependendo de como nos comunicamos. A palavra de Deus diz que *a morte e a vida estão no poder da língua* (Pv 18:21). Os conflitos dentro do lar são gerados por uma comunicação deficiente. Queremos alistar cinco princípios importantes para uma boa comunicação.

1. PRECISAMOS APRENDER A OUVIR COM MAIS ATENÇÃO (Tg 1:19). Todos nós temos necessidade de alguém que nos ouça. Tiago diz que devemos ser pessoas prontas para ouvir (Tg 1:19). Quem ama tem tempo para a pessoa amada, busca agradá-la, bem como compreendê-la. Assim, quando nos dispomos a ouvir, demonstramos que a outra pessoa tem valor e prioridade para nós. Agindo dessa forma, estaremos construindo pontes de contato e pavimentando a estrada de uma comunicação saudável. A palavra usada por Tiago para "pronto" é *táxis*, de onde vem a nossa palavra "táxi", um carro pronto a nos atender assim que o chamamos.

Deus nos fez com duas conchas acústicas externas e apenas uma língua amuralhada de dentes. Precisamos ouvir mais e falar menos.

2. PRECISAMOS APRENDER A FALAR COM MAIS AMOR (Tg 1:19). Uma comunicação harmoniosa depende da capacidade de falar a coisa certa, na hora certa, da maneira certa, com a pessoa certa, com a motivação certa. Às vezes, pecamos não a respeito do que falamos, mas de como falamos. A maneira de dizer é tão importante quanto o que se diz. Tiago ensina que devemos ser tardios no falar, enquanto Paulo alerta para o fato de que devemos falar a verdade em amor (Ef 4:15). Se não tomarmos cuidado, poderemos ferir com a nossa língua a pessoa que mais amamos. A palavra grega que Tiago usa para "tardio" é *brádis*. Essa palavra é utilizada para descrever as pessoas que têm um raciocínio lerdo. Devemos pensar antes de falar; devemos ser criteriosos na hora de emitir um juízo. Dificilmente nos arrependemos da palavra que deixamos de falar; mas mui constantemente nos arrependemos quando falamos com pressa.

3. PRECISAMOS APRENDER A ELOGIAR COM MAIS GENEROSIDADE (Ct 4:7). O elogio sincero é um bálsamo para a alma e um tônico para o coração. Um elogio sincero vale mais do que mil críticas. Um ditado chinês diz que apanhamos mais moscas com uma gota de mel do que com um barril de fel. Temos necessidades emocionais que precisam ser supridas, e Deus instituiu a família para que pudéssemos nos ajudar uns aos outros. A família precisa cultivar um ambiente gostoso de comunhão, de amizade e de afeto, onde as pessoas sejam valorizadas pelo que são, e não apenas pelo seu desempenho. Devemos reafirmar nosso amor uns pelos outros dentro do lar, sendo aliviadores de tensões e bálsamo do céu na vida uns dos outros. O marido, cheio de amor, diz à sua amada: *Tu és toda formosa, querida minha, e em ti não há defeito* (Ct 4:7). Alguns críticos questionam essa fala, uma vez que não há uma pessoa sequer sem defeito. O ponto, entretanto, é que, quando amamos,

nos concentramos nas virtudes, e não nos defeitos. O amor encobre multidão de pecados.

4. PRECISAMOS APRENDER A PERDOAR COM MAIS COMPAIXÃO (Cl 3:13). Não há família perfeita nem relacionamentos perfeitos. Todo relacionamento familiar requer renúncia e investimento. Toda família precisa exercer o perdão. Sem perdão, não há relacionamentos saudáveis. Todos nós decepcionamos as pessoas, e elas nos decepcionam. As pessoas têm a capacidade de nos ferir. Sofremos mais por causa de relacionamentos do que por causa de outros problemas. Pessoas roubam mais nossa alegria do que circunstâncias. Por essa razão, precisamos aprender a perdoar assim como Deus em Cristo nos perdoou. O perdão deve ser imediato, completo e incondicional. Pelo perdão, somos libertos e curados. Por meio do perdão, temos a oportunidade de recomeçar e reconstruir uma relação quebrada. O perdão nos ajuda a curar as feridas, a tapar as brechas e a construir novos sonhos.

5. PRECISAMOS APRENDER A CULTIVAR UM RELACIONAMENTO DE INTIMIDADE COM DEUS (Ec 4:12). O casamento deve ser um cordão de três dobras, em que Deus é a parte mais forte e aquele que une as outras duas dobras. O salmista diz que, *se o SENHOR não edificar a casa, em vão trabalham os que a edificam* (Sl 127:1). A maior necessidade da família é da presença de Deus. O casamento e todo relacionamento familiar precisam estar edificados sobre uma relação pessoal e íntima com Deus. Nada nem ninguém pode substituir a presença de Deus na família. Podemos ter dinheiro, sucesso e muitas conquistas, mas, sem Deus, tudo isso é chocho e vazio. É a presença de Deus que dá sentido e sabor ao relacionamento conjugal e familiar.

Construa pontes em vez de cavar abismos

> Suportai-vos uns aos outros, perdoai-vos mutuamente, caso alguém tenha motivo de queixa contra outrem. Assim como o Senhor vos perdoou, assim também perdoai vós (Colossenses 3:13).

Somos construtores de pontes, e não cavadores de abismos. Somos ministros da reconciliação, e não promotores de contendas. Somos pacificadores, e não geradores de intrigas. O ministério da igreja é de aproximação das pessoas, e não de afastamento delas. Somos um só corpo e membros uns dos outros. Quando um membro do corpo sofre, todos sofrem com ele; quando um membro é promovido, todos se regozijam com ele. Para isso, precisamos tomar algumas medidas.

1. Reconhecer que somos falhos e erramos uns com os outros (Cl 3:13). Não somos uma comunidade de pessoas perfeitas. Nós ainda estamos sujeitos a falhas e tropeçamos em muitas coisas. Isso obviamente não nos dá o direito de errar intencionalmente. A vida cristã não nos dá imunidade para pecar. Precisamos ser vigilantes para não sermos pedra de tropeço para os nossos irmãos. Porém, o fato de errarmos uns com os outros não anula o fato de que somos uma só família e um só rebanho. O apóstolo

Paulo admite que, na igreja, há momentos em que temos queixa uns dos outros. A admissão do erro é o primeiro passo para corrigi-lo. Enquanto ficamos nos justificando e transferindo a culpa para outrem, só agravamos os relacionamentos. Então, estamos cavando abismos em vez de construindo pontes.

2. Reconhecer que o caminho do arrependimento e do perdão é a única forma de construir pontes em vez de cavar abismos (Cl 3:13). Um cristão demonstra sua maturidade espiritual quando reconhece seu erro e tem disposição de pedir perdão. Não há comunidade saudável sem o exercício do perdão. Somos a comunidade dos perdoados e dos perdoadores. Quem não perdoa não pode orar, não pode ofertar, não pode ser perdoado. Quem não perdoa adoece emocional e fisicamente. A Bíblia diz que precisamos perdoar uns aos outros, como Deus em Cristo nos perdoou. Esse perdão deve ser imediato, pleno e definitivo. O perdão sara as feridas, restaura os relacionamentos, produz comunhão e glorifica a Deus. Ferir uns aos outros ou guardar mágoas produz doença emocional e desavença relacional. É tempo de construirmos pontes em vez de cavarmos abismos em nossos relacionamentos dentro da família e da igreja.

Concordo com C. S. Lewis quando disse que é mais fácil falar sobre perdão do que perdoar. O perdão não é uma atitude fácil, mas uma decisão necessária. Guardar mágoa é conviver diuturnamente com a pessoa que menos gostaríamos de ter por perto. Perdoar é atitude mais sensata. O perdão nos torna livres da mágoa. O perdão é a faxina da mente, a assepsia da alma. Perdoar é lembrar sem sentir dor.

3. Reconhecer que Deus nos chamou para sermos ministros da reconciliação (2Co 5:18). Fomos chamados para pregar a reconciliação do homem com Deus e do homem com o próximo. Fomos vocacionados para construir pontes em vez de cavar abismos. Os filhos do reino são pacificadores, e os

pacificadores são chamados filhos de Deus. A Bíblia diz que o amor cobre multidão de pecados. Quem ama busca a reconciliação. Vivemos numa sociedade marcada pela guerra. O homem é o lobo do próprio homem. A violência é a ordem do dia nos grandes centros urbanos e até mesmo nas regiões campesinas. As pessoas andam com os nervos à flor da pele. Os crimes por motivos fúteis se multiplicam. Até mesmo a família está se transformando num palco de violência. Neste mundo timbrado pelo ódio, somos desafiados a viver a realidade do amor. Neste mundo que desconhece a caridade, somos desafiados a viver a prática do perdão. Neste mundo onde reina a inimizade, somos constituídos ministros da reconciliação.

4. RECONHECER QUE NENHUMA VITÓRIA TEM GOSTO DE VITÓRIA SE A COMUNHÃO FRATERNAL É QUEBRADA (Cl 3:14). A única vitória que glorifica o nome de Cristo é a decisão de restaurar o que foi quebrado, de aproximar o que foi afastado. Paulo diz que, no que depender de nós, devemos ter paz com todos os homens. Ainda diz que, se preciso for, devemos sofrer o dano para construir as pontes da reconciliação. A palavra de Deus declara que devemos ter o mesmo sentimento que houve também em Cristo. Ele não revidou ultraje com ultraje. Ele rogou ao Pai que perdoasse seus algozes e até mesmo atenuou-lhes a culpa, dizendo que eles não sabiam o que estavam fazendo. A Bíblia inteira é um apelo à reconciliação com Deus e à reconciliação fraternal. O apóstolo Paulo chega a afirmar que, se não houver perdão dentro da igreja, Satanás leva vantagem sobre nós. Que Deus nos ajude a amar uns aos outros, a dar a nossa vida uns pelos outros, a perdoar uns aos outros, como Deus em Cristo nos perdoou, e a construir pontes em vez de cavar abismos.

Assassinos de sonhos

> A sua rival a provocava excessivamente
> para a irritar, porquanto o SENHOR lhe
> havia cerrado a madre (1Samuel 1:6).

É impossível lutar pelos nossos sonhos sem enfrentar, nos caminhos da vida, os assassinos de sonhos. Há muitas pessoas que nos espreitam, nos encurralam e nos atacam procurando matar nossos sonhos. Essas pessoas não respeitam nossos sentimentos, não se alegram com nossas vitórias; antes, celebram com prazer mórbido nossos fracassos. Esse fato pode ser visto na vida de Ana, mulher de Elcana (1Sm 1:1-28). Ana tinha um sonho, o sonho de ser mãe. Ela era estéril. Seu sonho, embora fosse legítimo e justo, foi adiado pelo próprio Deus, que fechou a sua madre (1Sm 1:5,6). Ana, porém, continuou lutando por seu sonho, derramando sua alma diante de Deus em oração (1Sm 1:15,16). Contudo, no caminho da realização de seu anseio, ela enfrentou três assassinos de sonhos.

1. O PRIMEIRO ASSASSINO DO SONHO DE ANA FOI SUA RIVAL, PENINA (1Sm 1:6,7). *Penina tinha vários filhos, enquanto Ana, embora amada pelo marido, não tinha filhos* (1Sm 1:2). Penina tinha o ventre fértil, mas o coração estéril. Seu ventre era um jardim, mas seu coração, um deserto onde só florescia o espinheiro do ódio e da inveja. As virtudes de Ana incomodavam Penina. A piedade de Ana desmascarava a impiedade de Penina. Esta preferiu perseguir

Ana a imitá-la. Penina transformou sua vida num projeto inglório de destruir os sonhos de Ana. Por isso, *sempre que Ana subia à casa de Deus, Penina a atormentava, amargurando a sua alma, pelo que Ana chorava e não comia* (1Sm 1:7). Penina sentia um prazer mórbido pela desdita de Ana. Ela execrava Ana pelo fato de esta ser estéril. Há muitas pessoas que são incapazes de chorar conosco, de sentir nossa dor e se identificar com nosso sofrimento. Ao contrário, elas agravam nossa dor, arrancam lágrimas dos nossos olhos e atentam contra os nossos sonhos. De forma estranha, a nossa dor lhes proporciona uma satisfação mórbida.

2. O SEGUNDO ASSASSINO DO SONHO DE ANA FOI O SACERDOTE ELI (1Sm 1:12-16). Ana estava orando na casa de Deus, derramando sua alma diante do Senhor, e o sacerdote que deveria estar junto dela, orando por ela, abriu a sua boca para julgá-la e acusá-la falsamente. Eli acusou Ana de estar embriagada na casa de Deus (1Sm 1:12-14). Ele foi apressado em seu juízo e descarid0so em suas palavras. Em vez de ser um pastor de almas, transformou-se em assassino de sonhos. Muitas vezes, somos mal compreendidos até mesmo dentro da casa de Deus. Em vez de receber ajuda, recebemos julgamento. Em vez de encontrar apoio, sofremos condenação. Em vez de encontrar compreensão, achamos juízo. Precisamos estar atentos para que as pessoas não roubem nossos sonhos.

3. O TERCEIRO ASSASSINO DO SONHO DE ANA FOI O SEU PRÓPRIO MARIDO (1Sm 1:8). Elcana era um marido amoroso, companheiro e solidário. Mas ele não acreditava que Deus pudesse fazer um milagre na vida da sua esposa. Ele tentou demover Ana do seu sonho (1Sm 1:8). Ele encorajou Ana a desistir de ser mãe. Elcana era cético. Ele não acreditava na ação sobrenatural de Deus. Ele não se uniu à sua mulher clamando a Deus por um milagre. Ao contrário, tentou esvaziar a alma de Ana de toda a esperança. Ele se transformou em um assassino de sonhos. Precisamos ter cuidado

com os conselhos que recebemos. Muitas vezes, os assassinos de sonhos estão muito perto de nós. Eles podem estar dentro da nossa própria casa. Ana não abriu mão do seu sonho. Ela não permitiu que as pessoas ao seu redor matassem seu sonho. Ela continuou orando e crendo na intervenção de Deus. Deus ouviu o seu clamor. Deus curou as suas emoções e também a sua doença (1Sm 1:18-20). Ana voltou a sorrir. Ana voltou às trincheiras da luta. Ana venceu. Ela concebeu e deu à luz Samuel, o maior homem da sua geração, o profeta, o sacerdote e o juiz de Israel, o homem que foi usado por Deus para trazer a sua geração apóstata de volta ao Senhor. Não desista de seus sonhos!

Famílias a serviço de Deus

> *Saudai Priscila e Áquila, meus cooperadores em Cristo Jesus, os quais pela minha vida arriscaram a sua própria cabeça...* (Romanos 16:3,4).

O apóstolo Paulo, na conclusão da carta aos Romanos, faz a mais longa saudação de todas as suas cartas (Rm 16:3-16). Nessa conclusão, ele cita várias pessoas e algumas famílias que estavam a serviço de Deus. Tais pessoas e famílias servem de exemplo para nós ainda hoje. Voltemos ao passado e aprendamos com esses irmãos e irmãs que nos precederam.

1. Casas abertas para acolher (Rm 16:3-5,14,15). Priscila e Áquila foram cooperadores do apóstolo Paulo. A casa deles era um local de reunião, onde a igreja de Deus congregava. Tanto em Corinto quanto em Roma, a casa de Priscila e Áquila era um santuário, onde a igreja se reunia. Eles eram hospitaleiros e acolhedores. Faziam de sua casa uma extensão da igreja e um porto seguro para as pessoas buscarem refúgio em Deus. Esse casal abriu seu lar para hospedar a igreja de Deus, arriscando a própria vida, pois aquele era um tempo de perseguição. Nos versículos 14 e 15, o apóstolo Paulo cita mais duas casas, onde grupos da igreja se reuniam para adorar a Deus e proclamar sua Palavra.

Hoje precisamos de famílias que abram as portas da sua casa para que o evangelho de Cristo seja também proclamado. O lar é

PARTE I – MENSAGENS À FAMÍLIA

um dos principais instrumentos na evangelização do mundo. Não podemos abrir mão de fazer da nossa casa uma extensão da igreja.

2. CORAÇÕES ABERTOS PARA CONSOLAR (Rm 16:13). O apóstolo Paulo faz referência à mãe de Rufo como uma mulher que cuidou dele como se fosse sua mãe. Essa mulher que recebe elogio tão auspicioso nem tem seu nome citado na terra, mas era conhecida no céu. Há grandes nomes no reino de Deus que permanecerão incógnitos na terra e anônimos na história. É algo maravilhoso investir na vida dos filhos de Deus, ser bálsamo para os que sofrem e âncora para os que enfrentam as tempestades da vida. A mãe de Rufo foi uma mãe para o apóstolo Paulo. Este bandeirante do cristianismo encontrou nessa mulher um apoio, um encorajamento que só uma mãe era capaz de lhe dar.

Temos o grande desafio de sermos abençoadores. Devemos abrir não apenas a nossa casa, mas também o nosso coração para encorajar as pessoas. Nossa língua precisa ser medicina que leva cura; nossas palavras precisam ser mel que alimenta; nossos atos precisam ser gestos altruístas que abençoam.

3. MÃOS ABERTAS PARA TRABALHAR (Rm 16:3,6,9,12). O apóstolo Paulo cita várias pessoas que foram suas cooperadoras no trabalho de Deus, gente que pôs a mão no arado, que foi diligente em fazer a obra de Deus. *Priscila e Áquila foram seus cooperadores* (Rm 16:3). Maria é citada como uma irmã que muito trabalhou pela igreja de Roma (Rm 16:6). Urbano era cooperador de Paulo em Cristo (Rm 16:9). Trifena e Trifosa trabalhavam no Senhor, e Pérside muito trabalhou no Senhor (Rm 16:12). A igreja de Deus deve ser uma equipe de trabalhadores. Deus nos dá a salvação e nos chama para o trabalho. Temos o privilégio de ser cooperadores de Deus no estabelecimento do seu reino.

A família na pós-modernidade

Agrada-te do SENHOR, e ele satisfará os
desejos do teu coração (Salmos 37:4).

A pós-modernidade está firmada sobre o seguinte tripé: pluralização, privatização e secularização. A pluralização diz que há muitas ideias, muitos valores, muitas crenças. Não existe uma verdade absoluta, tudo é relativo. A privatização defende que nossas escolhas são soberanas e que cada um tem sua verdade. A secularização, por sua vez, coloca Deus na lateral da vida e o reduz aos recintos sagrados. Nesse fogo cruzado está a família, caminhando numa estrada juncada de perigos, ouvindo muitas vozes, tendo à sua frente muitas bifurcações morais. Diante disso, que atitude tomar? Que escolhas fazer para não perder a identidade? Quero sugerir algumas decisões:

1. COLOQUE DEUS ACIMA DAS PESSOAS. No mundo temos Deus, pessoas e coisas. Vivemos numa sociedade que despreza Deus, ama as coisas e usa as pessoas. Devemos, porém, adorar a Deus, amar as pessoas e usar as coisas. A família pós-moderna tem valorizado mais as coisas do que o relacionamento com Deus. A sociedade valoriza mais o ter do que o ser. Prostra-se diante de Mamom e se esquece do Deus vivo.

2. COLOQUE SEU CÔNJUGE ACIMA DE SEUS FILHOS. O índice de divórcios cresce espantosamente no Brasil. Enquanto os véus

das noivas ficam cada vez mais longos, os casamentos ficam cada vez mais curtos. Um dos motivos que contribuíram para essa triste realidade foi o erro de colocar os filhos acima do cônjuge. Muitos casais transferem o sentimento que é devido ao cônjuge para os filhos, o que fragiliza a relação conjugal e ainda afeta profundamente a vida emocional dos filhos. Quando se amam, os pais presenteiam os filhos. Lembre-se: pais estruturados criam filhos saudáveis.

3. COLOQUE SEUS FILHOS ACIMA DE SEUS AMIGOS. Muitos pais vivem ocupados, correm demais e dedicam tempo demasiado aos amigos e quase nenhum tempo aos filhos. Alguns pais tentam compensar essa ausência com presentes. Os filhos, porém, não precisam tanto de presentes, mas de presença. Nenhum sucesso profissional ou financeiro compensa o fracasso do relacionamento com os filhos. Os filhos são o maior tesouro dos pais e também são herança de Deus. Enganam-se os pais que pensam que o melhor que podem fazer pelos filhos é deixar-lhes uma rica herança financeira, pois essa rica herança se torna, muitas vezes, motivo de contendas. Diante do que foi exposto, concluímos que o exemplo, a amizade, a dedicação e o empenho em criar os filhos na disciplina e na admoestação do Senhor são o maior legado que podemos deixar para eles.

4. COLOQUE OS RELACIONAMENTOS ACIMA DAS COISAS. Vivemos numa ciranda imensa, correndo atrás de coisas. Muitas pessoas acordam cedo e vão dormir tarde, comendo penosamente o pão de cada dia. Pensam que se tiverem mais coisas serão mais felizes. Então, sacrificam relacionamentos para granjear coisas. Essas pessoas não percebem que isso é uma grande tolice. Pessoas valem mais do que coisas. Relacionamentos são mais importantes do que riquezas materiais. E é melhor ter uma casa pobre onde reinam harmonia e paz do que viver num palacete onde predomina a intriga.

5. **Coloque as coisas importantes acima das coisas urgentes.** Há uma grande tensão entre o urgente e o importante. Nem tudo o que é urgente é importante. Muitas vezes sacrificamos no altar do urgente as coisas importantes. Nosso relacionamento com Deus, com a família e com a igreja são exemplos de coisas importantes. Relegar esses relacionamentos a um plano secundário para correr atrás de coisas passageiras é consumada tolice. A Bíblia nos ensina a buscar em primeiro lugar o reino de Deus e a sua justiça, sabendo que as demais coisas nos serão acrescentadas. Portanto, precisamos investir em nosso relacionamento com Deus e em nossos relacionamentos familiares, a fim de não naufragarmos nesse profundo mar da pós-modernidade.

A família sob ataque

*Nas tendas dos justos há voz de júbilo e de salvação;
a destra do SENHOR faz proezas* (Salmos 118:15).

A família brasileira está encurralada por crises medonhas. Há uma orquestração perversa contra essa instituição divina, com o propósito de solapar seus alicerces e desconstruir seus valores. Abordaremos quatro forças poderosas que se voltam contra a família nos dias presentes.

1. A MÍDIA TELEVISIVA. A televisão é o mais poderoso instrumento de comunicação de massa em nossa nação. É considerada o quarto poder. A televisão brasileira é conhecida em todo o mundo pela sua descompostura moral. As telenovelas brasileiras são as mais imorais do mundo. Talvez nenhum fenômeno exerça mais influência sobre a família brasileira do que as telenovelas da Rede Globo. O argumento usado para essa prática é que a televisão retrata a realidade. Ledo engano. A televisão induz a opinião pública. Ela não informa, mas deforma. Não esclarece; deturpa. Agora, de forma desavergonhada, a televisão brasileira abraçou a causa homossexual com o propósito de induzir a sociedade a aceitar como opção legítima a relação homoafetiva. Não se trata de um esclarecimento ao povo sobre o referido assunto, mas de uma indução tendenciosa. Os programas que tratam desse assunto têm a intenção de escarnecer dos valores morais que sempre regeram

a família, já que exaltam a prática homossexual que a Escritura chama de erro, torpeza, abominação, disposição mental reprovável, paixão infame, algo contrário à natureza.

2. A SUPREMA CORTE. A Suprema Corte brasileira, ou seja, o Supremo Tribunal Federal, por unanimidade, legitimou os direitos da relação homoafetiva. Não é de hoje que a nação brasileira colocou o pé na estrada do relativismo moral, da absolutização do erro, do desbarrancamento da virtude, da conspiração irremediável contra a família. Então, os juízes da nossa nação reconheceram como legal e moral a relação de um homem com outro homem e de uma mulher com outra mulher. Sendo assim, precisaremos redefinir o verbete casamento e criar um novo conceito para família. Já que estão colocando os valores morais de ponta-cabeça. Estão desmoronando o que Deus edificou. Estão se insurgindo não apenas contra a família, mas contra o próprio Deus, que instituiu o casamento e estabeleceu a família. Dessa forma, os brasileiros julgam-se sábios, mas tornaram-se loucos, pois ninguém pode desfazer o que Deus fez e ninguém pode insurgir-se contra Deus e prevalecer.

3. O MINISTÉRIO DA EDUCAÇÃO. Com os recursos suados dos trabalhadores brasileiros que, com dignidade, mourejam para o progresso da nação, o Ministério da Educação lançou, não faz muito tempo, um *kit gay* para ser distribuído nas escolas públicas. Com isso, o Ministério não se propôs a esclarecer crianças e adolescentes sobre a sexualidade, mas a induzi-los à prática homossexual. É claro que o pretendido era tirar das famílias o privilégio de orientar seus filhos. Era também domesticar a consciência das nossas crianças, induzindo-as a essa prática que avilta o ser humano, escarnece da família e afronta o Criador. Portanto, é preciso tocar a trombeta aos ouvidos da sociedade, para repudiar iniciativas infelizes como essa do Ministério da Educação que, em vez de sair em defesa da família e promover a educação, lança sobre ela seus dardos mais mortíferos.

PARTE I – MENSAGENS À FAMÍLIA

4. O CONGRESSO NACIONAL. Esteve na pauta do Congresso Nacional um projeto de lei que visava criminalizar aqueles que se manifestassem contra a prática homossexual, contrariando, assim, a Constituição Federal, que nos faculta a liberdade de consciência e de expressão. Contrariando, outrossim, os preceitos da Palavra de Deus, a qual considera a relação homossexual algo contrário à natureza e uma abominação para Deus (Lv 18:22; Rm 1:24-28; 1Co 6:9-11). Essa lei visava não apenas legitimar o ilegítimo, tornar moral o imoral, mas também punir com os rigores da lei aqueles que, por dever de consciência, não podem se curvar ao erro. Povo de Deus, acautelemo-nos diante dessas ameaças!

A perigosa influência da televisão

> ... Portas a dentro, em minha casa, terei coração sincero. Não porei coisa injusta diante dos meus olhos; aborreço o proceder dos que se desviam; nada disto se me pegará (Salmos 101:2,3).

A televisão é uma das mais fantásticas invenções dos tempos modernos. Ela trouxe inúmeros benefícios à sociedade. A comunicação tornou-se precisa, ágil e global. Ela encurtou as distâncias, democratizou a informação e abriu os canais do conhecimento para todos, em todos os lugares do mundo. Não obstante os grandes benefícios trazidos pela televisão, ela também pode tornar-se um grande perigo para a sociedade. Exatamente por sua poderosa influência, quando mal usada, torna-se perigosa. John Stott, ilustre escritor britânico, em seu livro Eu creio na pregação, alerta sobre alguns perigos da televisão:

1. A PREGUIÇA MENTAL. A televisão tende a tornar as pessoas mentalmente preguiçosas. Ela atrai, seduz, vicia e manipula. É surpreendente a quantidade de tempo que as pessoas passam diante da televisão. Em média, gasta-se de três a cinco horas por dia na frente da televisão. Isso se torna um vício, e esse vício leva as pessoas a se tornarem passivas. Elas deixam de pensar e ficam

PARTE I — MENSAGENS À FAMÍLIA

mentalmente preguiçosas. A televisão tende a destituir nas pessoas a capacidade da crítica intelectual, produzindo uma verdadeira flacidez mental.

2. A EXAUSTÃO EMOCIONAL. A televisão tende a tornar as pessoas emocionalmente insensíveis. As tragédias do mundo inteiro são despejadas dentro da nossa casa, e não temos tempo para deglutir todas essas coisas. No afã de retratar a realidade, a televisão torna-se formadora de opinião, induzindo as pessoas às mesmas práticas que ela divulga. A violência e a imoralidade andam de mãos dadas na televisão. Dessa forma, ela não apenas retrata o que existe na sociedade, mas torna-se uma mestra dessas mesmas nulidades.

3. A CONFUSÃO PSICOLÓGICA. A televisão tende a tornar as pessoas psicologicamente confusas. Ideias, conceitos, valores, filosofias e crenças são despejados diante das pessoas, e muitas vezes elas não têm o discernimento necessário para filtrar o que é certo e errado. A perda do senso crítico e a incapacidade de avaliar o que está por trás das propagandas, das telenovelas, dos filmes e até mesmo de alguns documentários e noticiários produzem uma confusão psicológica de graves consequências.

4. A DESORIENTAÇÃO MORAL. A televisão tende a deixar as pessoas em desordem moral. A vasta maioria dos programas, especialmente aqueles que dão mais ibope, está eivada de valores éticos distorcidos e até mesmo nocivos para a família. A violência veiculada na televisão é uma verdadeira escola do crime. As telenovelas fazem apologia da infidelidade conjugal. Os valores morais absolutos são tripudiados, e a flacidez moral é enaltecida. Aqueles que se viciam na televisão alienam-se dentro de casa, matam a comunicação familiar e se intoxicam com conceitos liberais e permissivos que conspiram contra a família e provocam verdadeira confusão moral.

5. O ESFRIAMENTO ESPIRITUAL. A televisão tende a deixar as pessoas apáticas espiritualmente. Muitas pessoas trocam o culto devocional pela televisão. A tela cheia de cor e imagem ocupa o lugar da leitura da palavra de Deus e da prática da oração. A comunhão com Deus e com os membros da família é substituída pelo vício perigoso da televisão. Que Deus nos dê discernimento para separarmos o precioso do vil e restaurarmos o altar do Senhor em nossa casa.

Homofobia, um esclarecimento necessário

> *Por causa disso, os entregou Deus a paixões infames; porque até as mulheres mudaram o modo natural de suas relações íntimas por outro, contrário à natureza; semelhantemente, os homens também, deixando o contato natural da mulher, se inflamaram mutuamente em sua sensualidade, cometendo torpeza, homens com homens, e recebendo, em si mesmos, a merecida punição do seu erro* (Romanos 1:26,27).

A palavra "homofobia" está na moda. No mundo inteiro discute-se a questão da homossexualidade. Em alguns países, já se aprovou a lei do casamento homossexual. Aqui no Brasil, tramitou no Congresso um projeto de lei (PL 122/2006) que visava à criminalização daqueles que se posicionarem contra a prática homossexual.

O assunto, que estava adormecido em virtude de firme posição evangélica contra o referido projeto de lei, mormente na efervescência da campanha política de 2010, ganhara então novo fôlego com a proposta da senadora Marta Suplicy (PT-SP), que pleiteara a reclusão de cinco anos, em regime fechado, para quem se posicionar publicamente contra a homossexualidade. Diante desse fato, quero propor algumas reflexões:

1. UM PROJETO DE LEI COMO ESSE FERE O MAIS SAGRADO DOS DIREITOS, QUE É A LIBERDADE DE CONSCIÊNCIA. Que os homossexuais têm direito garantido por lei de adotar para si o estilo de vida que quiserem e fazer suas escolhas sexuais, ninguém questiona. O incabível é nos obrigar, por força de lei, a concordar com essa prática. Se os homossexuais têm liberdade de fazer suas escolhas, os heterossexuais têm o sagrado direito de pensar diferente, de ser diferente e de expressar livremente o seu posicionamento.

2. UM PROJETO DE LEI COMO ESSE CRIA UMA CLASSE PRIVILEGIADA DISTINTA DAS DEMAIS. O respeito ao foro íntimo e à liberdade de consciência é a base de uma sociedade justa, enquanto a liberdade de expressão é a base da democracia. Não podemos amordaçar um povo sem produzir um regime totalitário, truculento e opressor. Não podemos impor um comportamento a uma nação nem ameaçar com os rigores da lei aqueles que pensam de modo diferente.

Neste país fala-se mal dos políticos, dos empresários, dos trabalhadores, dos religiosos, dos homens e das mulheres e só se criminalizam aqueles que discordam da prática homossexual? Onde está a igualdade de direitos? Onde está o sagrado direito da liberdade de consciência? Onde está o preceito da justiça?

3. UM PROJETO DE LEI COMO ESSE DEGRADA OS VALORES MORAIS QUE DEVEM REGER A SOCIEDADE. O que estamos assistindo é a uma inversão de valores. A questão vigente não é a tolerância à homossexualidade, mas uma promoção dessa prática. Querem nos convencer de que a prática homossexual deve ser ensinada e adotada como uma opção sexual legítima e moralmente aceitável.

Os meios de comunicação, influenciados pelos formadores de opinião dessa vertente moral, induzem crianças e adolescentes a se render a esse estilo de vida, que está na contramão dos castiços valores morais que sempre regeram a família e a sociedade.

A homossexualidade não é apenas uma prática condenada pelos preceitos de Deus, mas também o fundo do poço da degradação moral de um povo (Rm 1:18-32).

4. UM PROJETO DE LEI COMO ESSE AVILTA OS VALORES MORAIS QUE DEVEM REGER A FAMÍLIA. *Deus criou o homem e a mulher* (Gn 1:27). Ninguém nasce homossexual. Essa é uma prática aprendida que decorre de uma educação distorcida, de um abuso sofrido ou de uma escolha errada. Assim como ninguém nasce adúltero, de igual forma ninguém nasce homossexual. Essa é uma escolha deliberada, que se transforma num hábito arraigado e num vício avassalador.

Deus instituiu o casamento como uma união legal, legítima e santa entre um homem e uma mulher (Gn 2:24). A relação homossexual é vista na palavra de Deus como abominação para o Senhor (Lv 18:22). A união homossexual é considerada um erro, uma torpeza, uma paixão infame, algo contrário à natureza (Rm 1:24-28).

A palavra de Deus diz que os homossexuais não herdarão o reino de Deus, a não ser que se arrependam dessa prática (1Co 6:9,10). Porém, aqueles que se convertem a Cristo e são santificados pelo Espírito Santo recebem uma nova mente, uma nova vida e o completo perdão divino (1Co 6:11).

Absalão, o pai da paz

> *Desta maneira fazia Absalão a todo o Israel que vinha ao rei para juízo e, assim, ele furtava o coração dos homens de Israel* (2Samuel 15:6).

Não há nada mais contraditório do que o significado do nome Absalão, se observarmos como foi o seu estilo de vida. Absalão é um nome próprio formado de duas palavras hebraicas: *ab,* pai, e *shalom,* paz. Absalão, portanto, significa "pai da paz". Mas esse filho de Davi com Maaca, embora tenha recebido um nome bonito, não viveu de forma coerente com o seu nome. Absalão era um jovem bonito, rico, famoso e cortejado em todo o reino de Davi, seu pai. Sua biografia, porém, foi maculada por três atitudes destacadas a seguir:

1. Mágoa, ausência de perdão. Amnom, meio-irmão de Absalão, nutriu uma paixão doentia por Tamar, irmã de Absalão. Orientado pelo perverso amigo Jonadabe, uma verdadeira víbora no ninho dos filhos do rei, Amnom armou uma cilada para Tamar e violentou-a. Em seguida, sentindo repulsa por ela, escorraçou-a de sua casa impiedosamente.

O rei Davi não corrigiu Amnom nem consolou Tamar. Esta, agredida no corpo e aviltada na alma, correu para o seu irmão Absalão, que, sem detença, abraçou essa causa com o propósito de vingar tamanha maldade.

PARTE I – MENSAGENS À FAMÍLIA

Em vez de confrontar seu irmão, corrigi-lo e perdoá-lo, Absalão encheu-se de mágoa e, dominado pelo ódio, arquitetou a morte de Amnom. O pai da paz transformou-se no progenitor do ódio, da guerra e da morte. Em vez de resolver esse dramático problema familiar, criou outros ainda mais graves.

Hoje, em muitas famílias, há feridas não curadas; há mágoas não perdoadas; há irmãos lutando contra irmãos. A família se transformou num território desconhecido e perigoso para a sobrevivência.

Há filhos matando pais e pais matando filhos. Os inimigos do homem, não raras vezes, são os membros da própria casa. A mágoa é um cárcere onde muitos ficam prisioneiros. Tornamo-nos escravos daqueles por quem nutrimos mágoa. Destruímo-nos quando agasalhamos mágoa no coração. É vero o ditado: "Guardar mágoa é como tomar um copo de veneno pensando que o outro é quem vai morrer".

2. FUGA, AUSÊNCIA DE DIÁLOGO. Absalão não apenas maquinou a morte do seu irmão Amnom, mas consumou esse maligno intento. Em vez de dominar seus sentimentos hostis, alimentou-os e foi dominado por eles. A mágoa não tratada se transformou em ódio consumado.

Absalão mandou matar seu irmão numa trama perversa. Atraiu-o como se atrai um animal para uma rede assassina. Deu uma festa não para se alegrar com seus convivas, mas para derramar o sangue do próprio irmão.

Vale ressaltar novamente que não foi apenas a atitude de Absalão que estava fora de foco, mas também a postura de seu pai. O mesmo Davi que não havia corrigido Amnom nem consolado Tamar enfrenta, agora, a dor de ver um filho morto e outro com a alcunha de assassino.

A ira de Davi acendeu-se contra Absalão, obrigando-o a fugir para Gesur, a casa de seu avô materno. Três anos se passaram, e o silêncio gelado entre Absalão e Davi só agravou a situação. É ledo engano pensar que o silêncio é sinônimo de perdão. É um terrível equívoco pensar que o tempo remove a mágoa e apaga seus efeitos desastrosos. Depois de três anos, Davi permitiu que Absalão voltasse para Jerusalém, mas declarou que não queria ver a sua face.

O silêncio, e não o diálogo restaurador, marcou a atitude do rei. O ambiente entre pai e filho ficou tão pesado que, um dia, Absalão mandou um recado para Davi cuja mensagem devia ser entendida nos seguintes termos: "Eu prefiro que o senhor me mate a continuar sem falar comigo".

Davi, então, recebeu Absalão no palácio, deu-lhe um beijo na face, mas não lhe dirigiu palavra. A falta de diálogo entre pai e filho abriu feridas mais graves no coração de Absalão. Ainda hoje, em muitas famílias, a morte do diálogo tem produzido grandes tensões, profundas mágoas e graves revoltas que desembocam em tragédias. A Bíblia fala que a morte e a vida estão no poder da língua. Podemos dar vida ou matar um relacionamento, dependendo da maneira como nos comunicamos.

Vivemos hoje o apogeu da comunicação virtual e o colapso da comunicação interpessoal. Temos a capacidade de despender duas horas numa conversa virtual, mas não conseguimos travar um diálogo de cinco minutos. Relacionamo-nos melhor com as máquinas do que com as pessoas. Somos peritos em tecnologia e amadores nos relacionamentos. O resultado é que o diálogo está morrendo e a família está de luto.

3. Conspiração, ausência de lealdade. Diante da postura insensata de Davi, Absalão saiu do palácio do pai pior do que entrou. Buscou reconciliação e saiu disposto a armar uma conspiração contra o próprio pai. Durante os quatro anos seguintes, furtou o coração do povo e preparou uma revolta armada contra seu pai, para tomar-lhe o trono e tirar-lhe a vida. Ao todo, foram nove anos de

PARTE I — MENSAGENS À FAMÍLIA

conflitos entre pai e filho. Nove anos em que se fez vistas grossas a uma situação insustentável de mágoas e ressentimentos.

Chegou a um ponto em que Absalão não queria mais diálogo com o pai; ao contrário, decidiu conspirar contra ele. Absalão não queria mais o perdão do pai, mas estava disposto a matá-lo. Absalão não queria mais reconciliação com o pai, mas decidiu tomar-lhe o trono.

Nessa empreitada inglória, Absalão foi assassinado por Joabe, comandante do exército de Davi. O rei se desmanchou em lágrimas, num choro amargo, dizendo: *Meu filho Absalão, meu filho, meu filho Absalão!* (2Sm 18:33b). Davi declarou amor pelo filho tarde demais, quando ele não podia mais ver suas lágrimas, ouvir sua voz nem sentir o calor do seu abraço. O pai da paz perdeu sua vida numa decisão infeliz de conspiração contra o próprio pai.

Absalão negou seu nome e fechou as cortinas da vida de maneira triste e dolorosa. Sua história é um alerta para todos nós. Não podemos adiar a solução dos problemas de relacionamento dentro da nossa casa. O perdão, o diálogo e a lealdade devem reger nossos relacionamentos.

PARTE 2
Mensagens aos cônjuges

A santidade dos papéis no casamento

> As mulheres sejam submissas ao seu próprio marido, como ao Senhor; porque o marido é o cabeça da mulher, como também Cristo é o cabeça da Igreja... (Efésios 5:22,23).

Não há casamento perfeito. Todos estamos aquém do padrão de Deus. Todos precisamos avançar rumo ao alvo da perfeição. Casamento é renúncia constante e investimento permanente. É dar mais e cobrar menos. É elogiar mais e criticar menos. O segredo para o casamento feliz não é simplesmente achar a pessoa certa, mas ser a pessoa certa; e ser a pessoa certa não é ser uma pessoa sem defeito, mas humilde para reconhecer os erros e corrigi-los.

O casamento pode ser uma antessala do céu ou o porão do inferno; o jardim da felicidade ou o deserto das frustrações; o horizonte espaçoso da liberdade ou o calabouço da prisão; o sonho alcandorado da alegria ou o pesadelo timbrado pelo desespero. A palavra de Deus tem princípios que, se obedecidos, podem trazer uma vida maiúscula e abundante para o casal. Os cônjuges precisam conhecer com clareza seus papéis. Onde não há ordem, prevalece a anarquia, instaura-se a confusão. Vejamos, então, quais são os papéis do marido e da esposa.

1. O PAPEL DO MARIDO (Ef 5:25-29). Destacaremos alguns aspectos fundamentais acerca do papel do marido no casamento: Em primeiro lugar, o marido deve demonstrar um amor criativo. O marido deve amar de forma criativa a esposa. Seu amor por ela deve ser semelhante ao amor de Cristo pela igreja. Deve ser um amor incondicional, perseverante, santificador, sacrificial, guerreiro e romântico. Quem ama declara que ama, encontra tempo para a pessoa amada e busca agradar essa pessoa. O amor não é possessivo nem controlador. Ninguém consegue ser feliz vivendo no cabresto, sendo monitorado o tempo todo. O amor do marido não pode sufocar a esposa. Esta precisa respirar e ser ela mesma, realizar os seus sonhos e expressar-se sem medo de ser julgada. O marido deve buscar formas criativas para agradar a esposa: um jantar, um presente, um passeio, um telefonema, um bilhete, um olhar cheio de ternura, uma palavra de elogio, um toque cheio de emoção. Nos encontros de casais, tenho constatado que 95% das mulheres reclamam da mesma coisa: falta de carinho. Os homens estão ficando áridos, secos, sem óleo. Querem apenas sexo, enquanto as mulheres estão carentes de carinho, apreciação, valorização e atenção. As mulheres não estão precisando tanto de mais luxo, de mais conforto, de uma casa mais requintada, mas de mais afeto. O marido deve viver para a esposa a ponto de morrer por ela. Deve satisfazê-la sexualmente, mantendo sempre a pureza do leito conjugal.

Em segundo lugar, o marido deve exercer uma liderança sensível. Ser o cabeça da mulher não significa ser um marido controlador e tirano. O casamento não pode ser uma prisão, onde a liberdade é saqueada. Jesus, como cabeça da igreja, serviu à igreja. No reino de Deus, os valores são invertidos: maior é o que serve. O marido deve viver a vida comum do lar com discernimento (1Pe 3:7); deve ser presente e um colaborador nas lides domésticas. O marido deve valorizar a esposa, mais do que ao trabalho e aos amigos. Deve encorajá-la,

PARTE 2 – MENSAGENS AOS CÔNJUGES

cercá-la de cuidado e ternura, como vaso mais frágil. Deve cobri-la de carinho, compreendê-la, aceitá-la e ser um bálsamo do céu em sua vida. Deve reconhecer que ela é presente de Deus, expressão da benevolência do Senhor, que merece o melhor do seu tempo e de seus investimentos. Nenhum sucesso profissional compensa o fracasso do casamento. Cabe ao marido a responsabilidade maior da criação dos filhos na disciplina e admoestação do Senhor e a liderança espiritual do seu lar (Ef 6:4). Ele, à semelhança de Jó, deve ser o sacerdote do lar, orando diariamente pelos filhos (Jó 1:5). Como cabeça da esposa, deve ser um referencial de maturidade espiritual para ela, uma bênção de Deus na sua vida.

Em terceiro lugar, o marido deve cultivar uma comunicação saudável. A língua pode dar vida ao casamento ou matá-lo (Pv 18:21). Pode ser remédio ou veneno, fonte de vida ou cova da morte. O marido precisa ter discernimento para ouvir a esposa e pressa para atender às suas necessidades. Ele deve ser confiável, amigo, companheiro, consolador e confidente. Deve ser pródigo nos elogios e cuidadoso nas críticas; pontual nos compromissos, verdadeiro nas palavras e leal nas atitudes.

O marido sábio trata a esposa com carinho na intimidade e com respeito em público. Valoriza seus dons e encobre suas deficiências. Ministra a ela a abundância do seu amor e não lhe sonega o perdão. O marido segundo o coração de Deus é tardio para falar, e sua palavra é temperada com sal. Antes de abrir a boca, procura saber se a sua palavra é verdadeira, boa, cheia de amor, e se vai trazer edificação. Nada mata mais o romantismo do casamento do que uma comunicação rude. Muitos casamentos estão naufragando e chegando ao divórcio, cheios de feridas, porque ao longo dos anos a comunicação foi adoecendo e nada foi feito para curar essa doença mortífera. Não há casamento sem luta, sem dor, sem lágrima; mas o casamento pode ser uma fonte de grande prazer, um oásis refrescante no deserto da vida.

2. O PAPEL DA ESPOSA (Ef 5:22-24). A esposa tem um papel importantíssimo para a consolidação de um casamento feliz.

Em primeiro lugar, a esposa deve submeter-se ao marido de forma inteligente. John Mackay, ilustre reitor do Seminário de Princeton, disse que o trabalho predileto do diabo é esvaziar o sentido das palavras. Uma das palavras mais desgastadas hoje é "submissão". Por isso, muitas mulheres sentem urticária quando ouvem falar que têm de ser submissas ao marido. É preciso deixar claro que submissão não é ser inferior. A mulher não é capacho do marido. Ela não é serviçal nem empregada. Submissão não é ser passiva, apagada, sem direito, sem vez e sem voz. Ser submissa não é anular-se, renunciando aos sonhos, talentos e projetos do coração em função do marido. No plano divino, a mulher nunca foi inferior ao homem. Ela foi tirada da costela, e não dos pés do homem. Ela é auxiliadora idônea, aquela que olha nos olhos. A mulher não é submissa ao marido como o é em relação a Cristo. Ela é submissa ao marido por causa da sua submissão a Cristo. O senhorio de Cristo é único, singular.

Submissão é ter uma missão sob a missão do marido. A mulher sábia não procura mandar no marido, não usa artimanhas para controlá-lo nem expedientes para manipulá-lo ou chantageá-lo. Mas exerce a sua função com discernimento, alegria, eficiência e gratidão a Deus. Submissão não é demérito ou desonra. A glória da igreja é sua submissão a Cristo. Submissão não é ausência de liberdade. Quanto mais submissa a igreja é a Cristo, mais livre ela é, mais feliz se sente. Um trem só é livre quando anda sobre os trilhos. Você só é livre para dirigir o seu carro quando obedece às leis de trânsito. Assim, a liberdade da mulher está em sua submissão ao marido.

Em segundo lugar, a esposa deve ser uma edificadora prudente. *A mulher sábia edifica a sua casa...* (Pv 14:1). Transforma o seu lar num ninho cálido de amor, no ambiente mais aconchegante onde se viver. Ela não deixa o casamento cair na rotina. Emprega sua inteligência, sensibilidade e criatividade para enriquecer o relacionamento. Na verdade, a mulher sábia é alavanca na vida do marido. Empurra-o sempre para a frente. Honra-o, encoraja-o, promove-o. Além disso, ela é aliviadora de tensões, bálsamo que refrigera, orvalho fresco que renova o vigor, sábia conselheira. Sua língua é remédio, sempre traz cura. Seu amor é cheio de ternura, suas atitudes são nobres e seu caráter é impoluto. Sua beleza mais excelente é a sua piedade.

Em terceiro lugar, a esposa precisa ser uma guerreira destemida. A mulher é o vaso mais frágil e o sexo mais forte. Sempre esteve na vanguarda do casamento como guardiã e promotora dos valores graníticos que sustentaram a família ao longo dos séculos. Sempre esteve na trincheira da luta pela salvação dos filhos. Ela é capaz de heroísmos indescritíveis. A mulher tem mais capacidade de suportar a dor, mais paciência para enfrentar as provas, mais determinação para perseguir os alvos, mais ousadia para lutar pela família e mais desprendimento para investir no casamento. A mulher enxerga com os olhos do coração, julga com mais clemência e se compadece com mais ternura. A mulher tem uma capacidade imensa de ser solidária nas aflições, companheira e amiga nas dificuldades. Ela é consoladora nas tribulações, braço forte e ombro hospitaleiro nas perdas. Quando a mulher, como brava guerreira, usa todo esse arsenal para edificar o seu casamento e construir a sua família, as dificuldades são superadas, os obstáculos são vencidos e a família torna-se bem-aventurada!

Esses princípios não são uma teoria vaga; são os sinais de Deus ao longo do caminho. Ignorá-los é acidente na certa. Obedecer-lhes é fazer uma viagem segura, com a certeza da chegada ao destino desejado. Esses princípios funcionam. Você pode ter essa experiência. Que Deus abençoe a sua vida!

Princípios para edificar um casamento saudável

> *Assim também os maridos devem amar a sua mulher como ao próprio corpo. Quem ama a esposa a si mesmo se ama* (Efésios 5:28).

A construção de um casamento saudável é mais importante do que o mais cobiçado sucesso. A vitória que custa a perda da família tem um gosto amargo. O sucesso que sacrifica a família é puro prejuízo. Nenhum sucesso compensa o fracasso da família. Rob Parsons, em seu livro *60 minutos para renovar seu casamento*, ensina alguns princípios importantes para edificar um casamento saudável:

1. DESENVOLVER UMA COMUNICAÇÃO EFICAZ (Pv 18:21).
A comunicação é o oxigênio que possibilita à família respirar. A vida e a morte estão no poder da língua. Podemos dar vida ou matar o relacionamento familiar, dependendo de como nos comunicamos. Em muitas famílias, o diálogo está morrendo. O processo da morte do diálogo é como uma separação gradativa. E, quando acaba o diálogo, as pessoas parecem morrer por dentro. A falta de diálogo tem sido uma das principais razões para a crise conjugal e

até mesmo para muitos divórcios nestes tempos. Há famílias nas quais o silêncio gelado já substituiu a conversa saudável. Há lares nos quais as farpas venenosas de acusações e insinuações ferem as pessoas e deixam os relacionamentos adoecidos. Há famílias nas quais o perdão jamais é oferecido, as mágoas jamais são tratadas e a comunicação se torna cada vez mais truncada. Nessas famílias, a língua deixa de ser remédio para ser veneno; deixa de ser bálsamo para ser chicote; deixa de ser fonte de vida para ser fogo destruidor.

2. SEPARAR UM TEMPO PARA O CÔNJUGE (Ef 5:29). A agenda congestionada parece ser um dos tormentos deste século. Todos nós andamos ocupados demais. Muitas vezes, sacrificamos as coisas verdadeiramente importantes por aquelas aparentemente urgentes. É impossível manter viva a chama do amor sem dedicar tempo ao cônjuge. Às vezes, o consorte consagra tudo ao cônjuge, exceto tempo. Se não dispusermos de tempo para a família, poderemos ter muito sucesso fora de casa, mas, mais cedo ou mais tarde, ao olharmos para trás, sentiremos um grande pesar. Quem ama declara que ama. Quem ama tem tempo para a pessoa amada. Quem ama procura agradar a pessoa amada. Os casais mais felizes são aqueles que encontram tempo para estar juntos.

Certa feita, fui procurado por um casal que estava se divorciando. Depois de quinze anos de casados, ainda a esposa trabalhava das 8 às 17 horas, e o marido, das 15 às 23 horas. Depois desses anos, um olhou para o outro e perguntou: "Quem é você?" A voz que eles ouviam não era do cônjuge; o cheiro que eles sentiam não era do cônjuge. Descobriram depois de quinze anos que estavam dormindo com um estranho. O casamento acabou porque eles não investiram tempo para estar juntos. Buscavam coisas e perderam o relacionamento.

3. SUPERAR TENSÕES E CONFLITOS (Cl 3:13). Não há casamento sem tensões e conflitos. Não há casamento perfeito. Marido e mulher são dois universos distintos, com visões, perspectivas e

desejos não apenas diferentes, mas, às vezes, conflitantes e opostos. Investimento e renúncia são necessidades básicas para manter um casamento saudável. Por termos queixas uns dos outros, precisamos exercitar o perdão, sempre. Pelo perdão, nosso hoje fica livre dos ressentimentos de ontem. O perdão é difícil, às vezes embaraçoso, mas sem ele não há esperança para nós. O perdão é a cura das memórias amargas. É a faxina da mente, a assepsia da alma. Perdoar é lembrar sem sentir dor.

4. TER UMA CORRETA RELAÇÃO COM OS FILHOS (Ml 4:6). Alguém já afirmou, de forma jocosa, que a loucura é hereditária. É transmitida dos filhos para os pais. Muitos cônjuges entram em crise no casamento por causa da distorção do relacionamento com os filhos. Muitos tentam compensar o frágil relacionamento conjugal desenvolvendo um relacionamento possessivo com os filhos. Os filhos nunca podem ocupar o lugar do cônjuge. Essa distorção relacional machuca tanto o cônjuge como os filhos. A melhor coisa que o pai e a mãe podem fazer pelos filhos é amar um ao outro. Muitos cônjuges chegam à terceira idade em crise, porque, quando os filhos se casam e saem de casa, eles não sabem mais se relacionar saudavelmente um com o outro. Há muitos divórcios acontecendo pela síndrome do ninho vazio.

5. ADMINISTRAR CORRETAMENTE O DINHEIRO (Ef 4:28). Muitos casais não sabem lidar com o dinheiro. Vivem atolados em dívidas, comprando o que não precisam, com o dinheiro que não têm, para impressionar pessoas que não conhecem. Problemas financeiros têm sido uma das principais causas de brigas, contendas e divórcios. Gastar mais do que se ganha, viver de empréstimos e pagando juros representa um grande perigo para a família. A dívida coloca um tremendo peso sobre o relacionamento familiar. É melhor viver uma vida mais modesta do que viver de aparências. É melhor o pouco com paz do que o muito sem tranquilidade de espírito. Salomão diz que *Melhor é um prato de hortaliças onde há amor do que o boi*

cevado e, com ele, o ódio (Pv 15:17). Há pessoas que têm muito, mas vivem perturbadas. Há outras que, embora tenham pouco, vivem de forma abundante. A Bíblia diz que *Uns se dizem ricos sem terem nada; outros se dizem pobres, sendo mui ricos* (Pv 13:7).

Mitos que ameaçam o casamento

> *Por isso, deixa o homem pai e mãe e se une à sua mulher, tornando-se os dois uma só carne* (Gênesis 2:24).

O casamento é obra divina. Foi Deus quem instituiu o casamento e estabeleceu princípios para regê-lo. No entanto, o casamento é um mistério. E nem mesmo as mentes mais brilhantes conseguem compreendê-lo plenamente. Para alcançar a felicidade no casamento é preciso muito esforço e constante renúncia, muito investimento e pouca cobrança, muito elogio e cautelosas críticas. Infelizmente, muitos casamentos adoecem e morrem porque, em vez de os cônjuges serem governados pela verdade, acabam sendo enganados por alguns mitos. Levantarei aqui alguns desses mitos:

Muitos dizem que é preciso encontrar a pessoa perfeita para casar. Ora, essa pessoa não existe, pois não viemos de uma família perfeita, não somos perfeitos nem encontraremos uma pessoa perfeita. Além disso, essa ideia parte de um pressuposto errado, pois é uma afirmação tácita de que já somos perfeitos e de que o nosso cônjuge é quem precisa se adequar a nós. Esse narcisismo é erro gritante. Produz uma autoavaliação falsa e inevitavelmente deságua numa relação conjugal adoecida.

PARTE 2 — MENSAGENS AOS CÔNJUGES

Outro mito muito difundido é: se meu cônjuge me ama, nunca vai se sentir atraído por outra pessoa. Há muitas pessoas que, depois do casamento, descuidam da sua aparência. Esquecem-se de que o amor precisa ser constantemente regado e o relacionamento, constantemente cultivado. É sabido que os homens são atraídos por aquilo que veem, e as mulheres, por aquilo que ouvem. Sendo assim, as mulheres precisam ser mais cuidadosas com sua aparência física, e os homens, mais atentos às suas palavras. A mulher precisa cativar constantemente seu marido, e o marido precisa conquistar continuamente sua mulher. Qualquer descuido nessa área pode ser fatal para a felicidade e estabilidade do casamento.

Há também a ideia de que, se meu cônjuge casou comigo, nunca vai esperar que eu mude. Um cristão não pode adotar o *slogan* de Gabriela: "Eu nasci assim, eu cresci assim, vou morrer assim". A indisposição para mudança é um perigo enorme para a felicidade conjugal, pois de maneira alguma somos um produto acabado. Estamos, sim, em constante transformação. Somos desafiados todos os dias a despojar-nos de coisas inconvenientes e a agregarmos valores importantes à nossa vida. A acomodação no casamento é um retrocesso, pois, num mundo em movimento, ficar parado é o mesmo que dar marcha a ré. A vida cristã é uma corrida rumo ao alvo. Nosso modelo é Cristo, e todos os dias precisamos ser mais parecidos com Jesus. Para isso, precisamos abandonar atitudes pecaminosas e adotar posturas piedosas.

Outro engano é pensar que, se meu cônjuge me ama, não vai ficar aborrecido com minha possessividade. Ninguém é feliz no casamento perdendo sua individualidade. Ninguém se sente confortável sendo sufocado. Ninguém tem prazer em viver no cabresto, sendo vigiado a todo o tempo. Essa atitude tem outro nome; chama-se ciúme. O ciúme é uma doença que se manifesta por três situações: uma pessoa ciumenta vê o que não existe, aumenta o que existe e procura o que não quer achar. Embora marido e mulher devam respeito e fidelidade um ao outro, não podem viver sendo monitorados o tempo todo. Casamento pressupõe confiança. A insegurança produz a possessividade; a possessividade gera o controle; e o controle estrangula a relação.

Por fim, é muito divulgada a falsa ideia de que, se meu cônjuge me ama, nunca vai discordar de mim. Será que essas pessoas não sabem que o casamento não é a união de dois iguais? Ora, homem e mulher são dois universos distintos. A ideia de almas gêmeas é absolutamente equivocada. O impressionante do casamento é que homem e mulher, mesmo sendo tão diferentes, são unidos numa aliança indissolúvel para se tornarem uma só carne. É claro que as diferenças existem, entretanto não servem para destruir o relacionamento, mas para enriquecê-lo; não para separar o casal, mas para complementar a relação conjugal.

A matemática do casamento

Por isso, deixa o homem pai e mãe e se une à sua mulher, tornando-se os dois uma só carne (Gênesis 2:24).

O casamento tem suas leis e princípios. Ele tem sua lógica e, embora não seja um relacionamento regido por ciências exatas, tem muitas semelhanças com a matemática. Encontramos no casamento as quatro equações da matemática.

1. INICIEMOS COM A SUBTRAÇÃO (Gn 2:24). O casamento começa com a subtração. O casamento tem início quando o homem deixa seu pai e sua mãe para se unir à sua mulher. A soma no casamento começa com uma subtração. Primeiro se deixa, para depois se unir. Os pais precisam liberar os filhos para que eles verdadeiramente batam asas do ninho e comecem uma nova jornada na vida. Os pais podem e devem aconselhar os filhos, mas não interferir na vida deles depois de casados. Os filhos precisam cortar o cordão umbilical que os une aos pais, a fim de que não fiquem dependentes deles emocional e financeiramente depois do casamento. Unir-se sem antes deixar pai e mãe é uma conspiração contra o propósito de Deus para o casamento. O casamento precisa ter legalidade, antes de união física. É um contrato social, antes de ser uma união conjugal. A primeira equação no casamento é a subtração, o deixar pai e mãe.

2. Prossigamos com a adição (Gn 2:24). O homem, depois de deixar pai e mãe, deve unir-se à sua mulher. Essa união é indivisível e indissolúvel. É uma união de sonhos, alvos, propósitos, bem como uma união física. No casamento, o homem e a mulher se tornam uma só carne. Na criação, Deus de um fez dois, mas no casamento Deus de dois faz um. O casamento é uma adição misteriosa, pois dois seres tão diferentes se amalgamam num relacionamento místico e estreito a ponto de o apóstolo Paulo afirmar que *aquele que ama a sua esposa a si mesmo se ama, pois ninguém jamais odiou a sua própria carne* (Ef 5:28,29). O casamento é adição constante de amor, afeto e respeito. No casamento, quando você adiciona, recebe de volta multiplicadamente, seja o bem, seja o mal (Ef 6:8). É o princípio da semeadura. O que você planta, colhe. Colhe a mesma semente que plantou e em maior quantidade.

3. Continuemos com a multiplicação (Sl 127:3-5). Um casamento que passou pela subtração e adição é completo em si mesmo; mas Deus ainda nos dá a graça de empregarmos a multiplicação. Por meio dos filhos, o casal não apenas enche sua aljava, mas também multiplica seus sonhos. Os pais veem a perpetuação de sua semente, do seu nome e de seus sonhos por meio dos filhos. Eles são herança de Deus e flechas nas mãos do guerreiro. São como rebentos da oliveira que continuam dando frutos quando o tronco já está tombando (Sl 128:3-6). O casamento abre os horizontes da esperança para o mundo, pois ao mesmo tempo que uns estão encerrando a carreira, outros estão começando; enquanto uns estão descendo a ladeira da vida, outros estão subindo sua colina, cheios de esperança.

4. Terminemos com a divisão (1Co 13:4-8). No casamento, não acumulamos, mas repartimos. Não queremos tudo para nós, mas dividimos o que temos com alegria. No casamento, devemos investir mais do que cobrar; dar mais do que receber; repartir mais do que reter. No casamento, não existe espaço para o egoísmo

PARTE 2 — MENSAGENS AOS CÔNJUGES

centralizador. O amor não é centrado no eu, mas no outro. O amor não visa seus próprios interesses, mas busca a realização da pessoa amada. Quem ama dá. Quem ama reparte. Quem ama divide o que tem. Na matemática, quando dividimos o que temos, ficamos com um saldo menor; mas, no casamento, quanto mais repartimos, maior é o nosso saldo. Quanto mais investimos nos outros, mais recebemos. Na matemática do casamento, é preciso deixar para se unir. É preciso unir para multiplicar. É preciso dividir para continuar crescendo.

Fidelidade conjugal: manancial recluso, fonte selada

> *Jardim fechado és tu, minha irmã, noiva minha, manancial recluso, fonte selada*
> (Cântico dos Cânticos 4:12).

O casamento nasceu no céu, e não na terra; nasceu no coração de Deus, e não no coração do homem. Deus é o idealizador, o arquiteto, o edificador, o protetor e o galardoador do casamento. O casamento foi a primeira instituição divina. É anterior ao Estado e à própria Igreja. O casamento, embora não seja um sacramento, é uma aliança de amor e um compromisso de fidelidade, em que Deus se apresenta como a suprema testemunha.

O mesmo Deus que instituiu o casamento estabeleceu princípios claros para conduzi-lo à felicidade. Os mandamentos de Deus não são penosos. Eles não foram dados para nos tirar a liberdade nem para nos roubar a alegria. Só somos livres à medida que obedecemos a Deus. Um pianista só arranca do piano acordes sonorosos quando toca de acordo com as notas musicais. Quando cumprimos as leis de Deus, somos livres, e não escravos. Agostinho disse que, quanto mais escravos de Cristo nós somos, mais livres nos sentimos. Quando obedecemos aos princípios de Deus, trilhamos as veredas da liberdade e encontramos a verdadeira felicidade.

PARTE 2 — MENSAGENS AOS CÔNJUGES

A infidelidade conjugal é traição, apostasia do amor, quebra de aliança, ingratidão consumada, violência indescritível contra o cônjuge. A Bíblia nos ensina alguns princípios essenciais sobre a fidelidade conjugal:

1. A FIDELIDADE CONJUGAL É UM CAMINHO ESTABELECIDO PELO PRÓPRIO DEUS (Gn 2:24). Deus instituiu o casamento com leis claras e balizas definidas.

Em primeiro lugar, o casamento é heterossexual. Deus criou um homem e uma mulher. A união homossexual é uma aberração e uma abominação aos olhos de Deus.

Em segundo lugar, o casamento é monogâmico. Deus não criou várias mulheres para um só homem (poligenia), nem criou vários homens para uma só mulher (poliandria). No coração do homem, não há espaço para amar mais de uma mulher. Salomão tinha mil mulheres e, entre elas, não encontrou nenhuma, porque no seu coração só havia espaço para amar uma mulher.

Em terceiro lugar, o casamento é "monossomático". Os dois (homem e mulher), por meio do casamento, tornam-se uma só carne. O sexo antes e fora do casamento é uma perversão do amor, mas, no casamento, uma ordenança (1Co 7:3-5). O sexo fora do casamento é um sinal de decadência moral, mas, no casamento, é seguro, santo e puro. A Bíblia diz que *digno de honra entre todos seja o matrimônio, bem como o leito sem mácula* (Hb 13:4). O sexo no casamento é uma fonte de prazer, além de ser o instrumento estabelecido por Deus para a procriação da raça (Pv 5:15-19).

Finalmente, o casamento é indissolúvel. As Escrituras dizem: *o que Deus ajuntou não o separe o homem* (Mt 19:6). Nenhum ser humano tem competência para anular uma relação conjugal. O casamento, aos olhos de Deus, é indissolúvel. Por isso, Deus odeia o divórcio (Ml 2:14). Esses parâmetros revelam que a fidelidade conjugal, muito antes de ser uma convenção social, é um princípio vital e imutável do próprio Deus.

2. A FIDELIDADE CONJUGAL É UM CAMINHO TRAÇADO ANTECIPADAMENTE PELOS CÔNJUGES (Ct 6:3). O amor fiel é declarado intimamente e demonstrado publicamente. Todo casal precisa dizer: *Eu sou do meu amado, e o meu amado é meu*. A fidelidade conjugal é uma decisão que se toma com consciência, com liberdade, com antecedência, movida pelo amor. Não se pode deixar para decidir sobre essa magna questão quando se está sendo tentado pela sedução. Ninguém é forte o suficiente para lidar com as paixões. A Bíblia nos manda resistir ao diabo, mas nos ordena fugir das paixões da carne. Ser forte é fugir como José do Egito fugiu. Ele fugiu porque aquela era uma questão já decidida em seu coração. Um cônjuge fiel evita os lugares escorregadios da sedução, foge dos ambientes lodosos e insidiosos para os pés e tapa os ouvidos para as vozes melífluas e tentadoras que convidam para o pecado. A fidelidade não acontece sem vigilância. A fidelidade não é produto do acaso, mas de uma renúncia constante aos apelos da sedução e um investimento constante na vida do cônjuge. O casamento não precisa nem pode ser um campo seco e sem vida. Ele deve ser um jardim engrinaldado, um pomar luxuriante de frutos excelentes, um manancial de vida exuberante. Amar é cultivar o romantismo, investir no cônjuge, buscar a felicidade dele e fazer do casamento não o cenário cinzento de uma vida monótona e marcada pela rotina, mas um lugar de vida plena, radiante e cheia de sublimes conquistas.

3. A FIDELIDADE CONJUGAL É UM CAMINHO SEGURO PARA UM CASAMENTO SAUDÁVEL (Ct 4:12,15). Não há casamento seguro, saudável e feliz onde não existe fidelidade conjugal. A infidelidade é uma das formas mais dolorosas de traição. Trair o cônjuge é apunhalá-lo pelas costas. Trair o cônjuge é pisar com escárnio os votos assumidos. Trair o cônjuge é pecar contra Deus, que instituiu o casamento. É pecar contra o cônjuge, com quem um dia se fez uma aliança de amor. É pecar contra a família, que se sente envergonhada e agredida. É pecar contra os filhos, que se

sentem inseguros e aturdidos pela loucura dos pais. É pecar contra si mesmo, pois quem comete adultério peca contra o seu próprio corpo. A fidelidade é o caminho mais seguro para uma vida emocional equilibrada e uma vida conjugal saudável. Ser fiel é o compromisso de viver um para o outro. É buscar a felicidade do cônjuge, mais do que a satisfação de caprichos pessoais.

4. A FIDELIDADE CONJUGAL É UM CAMINHO PARA A PROTEÇÃO DOS CÔNJUGES DOS TERRÍVEIS INIMIGOS (Ml 2:14-16). A aventura amorosa fora do casamento é um atentado terrorista contra o casamento e a família. Flertar com o pecado e abrir os portões do coração para aventuras extraconjugais é um risco fatal. O pecado do adultério, embora pareça doce ao paladar, é amargo ao estômago. Alguém já disse que as maçãs do diabo são bonitas, mas todas têm bicho. O romance fora do casamento é como uma fagulha que incendeia e destrói a vida, o casamento e a família. Por mais que o mundo pós-moderno incentive e encare com normalidade a infidelidade conjugal, ela sempre traz em sua bagagem uma herança inglória. Muitas lágrimas, muitos soluços, muitos traumas, muita dor, muita perda têm sido a desditosa recompensa daqueles que sucumbem à sedução do sexo fora do casamento. A Bíblia diz que quem zomba do pecado é louco. *O que adultera com uma mulher está fora de si; só mesmo quem quer arruinar-se é que pratica tal coisa* (Pv 6:32). A infidelidade conjugal está se tornando cada vez mais comum e aceita pela sociedade. A paixão e a volúpia estão tomando o lugar do verdadeiro amor. A palavra empenhada e a aliança firmada estão sendo abandonadas com descaso. O casamento está sendo atacado em seus alicerces. A família está em crise. O casamento está sendo bombardeado com arsenal pesado. É tempo de resgatarmos os valores fundamentais do casamento. É tempo de alçarmos a voz e dizermos que a fidelidade conjugal é o único meio de fazer do casamento um manancial recluso e uma fonte selada.

5. A FIDELIDADE CONJUGAL É UM CAMINHO PARA CULTIVAR UM AMOR SINCERO E PROFUNDO (Ct 4:12). Quem ama confia. Quem ama respeita. Quem ama se devota à pessoa amada. O cônjuge precisa ser um manancial recluso e uma fonte selada (Ct 4:12). A mulher precisa proclamar com segurança: *Eu sou do meu amado, e o meu amado é meu* (Ct 6:3). Não há amor verdadeiro onde não há o sentimento do "pertencimento".

Onde não há fidelidade, em vez de crescer o amor, floresce a mágoa. Onde há traição, em vez de alegria, reina o choro. A infidelidade conjugal é o solo onde cresce a erva daninha da amargura. A infidelidade conjugal é promotora de depressão e outras graves doenças emocionais. A infidelidade conjugal é a principal causa de divórcios traumáticos. É a grande causadora de famílias destroçadas e filhos traumatizados. A infidelidade conjugal é um engodo, uma farsa e um embuste. Ela promete aventura e termina com vergonha e opróbrio. Promete paixão tórrida e termina com decepções amargas e frias. Promete felicidade e deixa os seus protagonistas em frangalhos nos corredores da morte. Somente o temor do Senhor, o compromisso da fidelidade e o amor altruísta podem livrar os cônjuges da sedução, das propostas fáceis, das ofertas tentadoras e do fracasso do adultério. O pecado é uma fraude. Ele oferece um momento de prazer e uma vida de tormento. A cama do adultério pode ser macia e cheia de encantos, mas deixa espinhos no coração, peso na consciência e tormentos na alma.

6. A FIDELIDADE CONJUGAL É O CAMINHO PARA UMA VELHICE DITOSA (Sl 128:3-6). Muitos casais que começaram bem a jornada da vida conjugal caíram no pântano lodacento do adultério. Embora alguns sejam perdoados pelos cônjuges, não conseguem tirar as farpas do coração nem as cicatrizes da alma. Muitos casais que serviram de referencial e modelo para os mais jovens estão hoje cobertos de opróbrio, porque deixaram de vigiar e tropeçaram nas próprias balizas que lhes indicavam o caminho. Muitos

PARTE 2 – MENSAGENS AOS CÔNJUGES

homens e mulheres envelhecem com amargura porque nunca conseguiram apagar da memória a dor lancinante da traição. Muitos homens e mulheres perderam a autoridade de ensinar e exortar os seus filhos na área do sexo porque se sentem desqualificados pelos seus fracassos nessa área. Depois que o rei Davi adulterou com Bate-Seba, nunca mais conseguiu corrigir os seus filhos. A culpa latente no seu coração o impediu de exercer com plenitude o seu ministério paternal. A fidelidade conjugal é o melhor preventivo contra o veneno que tenta asfixiar o casamento; é o melhor escudo contra os torpedos que são lançados contra a família. Somente um casal fiel saboreia os doces frutos de um amor sem reservas e lega aos filhos um exemplo digno de ser imitado. A santidade no casamento é o melhor ingrediente para uma família unida.

O que fazer quando a alegria está acabando no casamento?

> *Tendo o mestre-sala provado a água transformada em vinho (não sabendo donde viera, se bem que o sabiam os serventes que haviam tirado a água), chamou o noivo* (João 2:9).

O casamento é cenário de muitas lutas. Com frequência, o jardim florido da poesia e do amor vai se tornando cinzento, como um deserto cheio de cactos e espinhos. Em lugar do amor, aparece a indiferença, e a poesia é substituída pelo silêncio perturbador ou pela ausência de afetos. A alegria e o romantismo são sufocados por uma relação árida, eivada de agressividade. A relação outrora timbrada pela espontaneidade torna-se mecânica, pesada e tensa. A comunicação, adornada por palavras doces de amor, transforma-se num campo de guerra, onde voam as setas envenenadas da acusação, da crítica e do desprezo. O calor do abraço mergulha no inverno intérmino da ausência de carinho e de toque. Os que foram unidos para serem uma só carne vivem como estranhos no ninho. Resultado? A alegria arruma as malas e vai embora do casamento!

O que fazer nessas horas? Desistir do casamento? Culpar o cônjuge por todos os infortúnios? Isolar-se cheio de autopiedade,

PARTE 2 — MENSAGENS AOS CÔNJUGES

como uma vítima ferida? Não! Há solução em Jesus para o casamento. Veja o texto de João 2:1-11. Há aqui três princípios para restaurar a alegria no casamento. Maria foi convidada para uma festa de casamento em Caná. Lá estavam também Jesus e os seus discípulos. No meio da festa, faltou vinho. Vinho era símbolo da alegria. Sem vinho, a festa não podia continuar. O que fazer, então, quando o vinho acaba na festa, quando a alegria está acabando no casamento?

1. IDENTIFIQUE O PROBLEMA (Jo 2:3). Maria, com a sua percepção feminina, logo viu que o vinho havia acabado. No casamento, os cônjuges precisam viver com as antenas ligadas. Precisam ter acuidade para perceber o que está acontecendo. Precisam desenvolver um discernimento profundo para fazer a leitura correta do que está se passando na família. Há casais que parecem estar dormindo na tormenta, não querendo ver a crise que está se instalando no casamento. Há casais que, quando vão acordar para fazer alguma coisa para salvar o casamento, já é tarde demais. O primeiro passo para a cura é o diagnóstico exato; e quanto mais cedo, melhor. No casamento, não dá para viver de aparência. As máscaras precisam cair. A realidade precisa ser enfrentada sem subterfúgios. Os problemas precisam ser identificados a fim de que possam ser resolvidos.

2. APRESENTE O PROBLEMA A JESUS (Jo 2:3). Maria, antes de falar com qualquer outra pessoa, foi a Jesus e disse: *Eles não têm mais vinho*. Na crise, não adianta se desesperar; é preciso buscar a pessoa certa. Muitos casais acabam se ferindo com acusações pesadas, minando o nome e a honra do cônjuge, esmagando a sua imagem diante das pessoas, em vez de levar o problema e colocá-lo aos pés de Jesus. Felizes são os cônjuges que podem orar juntos, derramando diante do Senhor Jesus todas as suas ansiedades, pois do seu trono de glória brotam cura, restauração e uma fonte de alegria. Bem-aventurado é o casal que, na crise, não busca sair pela porta dos fundos, desistindo do casamento nas barras de um

tribunal, mas busca solução para os seus problemas aos pés do Senhor.

3. FAÇA TUDO O QUE JESUS MANDAR (Jo 2:7,8). Jesus mandou os serventes encherem de água as talhas. Eles não argumentaram, não questionaram, não duvidaram; obedeceram. E, quando obedeceram, o milagre aconteceu: a água se transformou em vinho, e vinho da melhor qualidade. Não basta levar os problemas a Jesus; é preciso fazer o que ele manda. Muitas vezes, a palavra de Jesus parece conspirar contra a nossa lógica. Os serventes podiam pensar: "Nós precisamos de vinho, e não de água". Mas a fé obedece mesmo quando não entende. A fé vê o invisível, alcança o inatingível e toma posse do impossível. A palavra de Maria aos serventes é cheia de sabedoria: *Fazei tudo o que ele vos disser* (Jo 2:5). Eles não duvidaram nem questionaram, mas obedeceram, e o milagre aconteceu. A alegria voltou àquela festa. E, quando Jesus fez o milagre, o vinho foi de melhor qualidade que o que estava sendo servido. Quando Jesus devolve a alegria a um casal, o melhor sempre vem depois: o deserto se transforma em jardim; o vale seco, em manancial; o choro, em riso; a indiferença, em amor; o silêncio, em dinâmica comunicação; e a tristeza, em alegria indizível!

Como enfrentar crise no casamento sem pensar em desistir

> ... Por esta causa deixará o homem pai e mãe e se unirá a sua mulher, tornando-se os dois uma só carne? De modo que já não são mais dois, porém uma só carne. Portanto, o que Deus ajuntou não o separe o homem (Mateus 19:5,6).

Hoje nós falamos repetidamente que família é o nosso problema número um. A família tem sido atacada vigorosamente pelas perigosas filosofias pós-modernas. Os fundamentos têm sido destruídos (Sl 11:3). Estamos vivendo no meio da era pós-moderna, em que os valores absolutos das Escrituras não estão sendo observados, mas repudiados. O que temos hoje não é apenas um comportamento imoral, mas a perda de critérios morais. Estamos enfrentando não somente um colapso moral, mas um colapso de significado. Não há absolutos. Gene Edward Veith afirma que, se não há absolutos e a verdade é relativa, então não pode existir estabilidade. Consequentemente, a vida perde o seu sentido.

Os inevitáveis resultados do relativismo deste tempo são a falência dos valores morais, a fraqueza da família e o aumento espantoso da infidelidade conjugal. Valores relativos acompanham o relativismo da verdade. Em 1969, bem no meio da "revolução sexual", 68% dos americanos acreditavam que a relação sexual antes do casamento era errada. Em 1987, mesmo a despeito do surto de aids, somente 46% acreditavam que o sexo antes do casamento era errado. Em 1992, apenas 33% rejeitavam o sexo pré-marital. A infidelidade conjugal tem sido uma marca da sociedade contemporânea. Segundo algumas estimativas, 50 a 65% dos maridos e 45 a 55% das esposas têm sido infiéis até a idade de 40 anos. Outros identificam que 26 a 70% das mulheres casadas e 33 a 75% dos homens casados têm se envolvido em algum caso extraconjugal. Casos extraconjugais são não apenas comuns, mas altamente destrutivos para os casais.

O divórcio tem sido estimulado como uma solução para casamentos em crise. Comentaristas sociais são notórios em afirmar que metade dos casamentos nos Estados Unidos termina em divórcio. Contudo, o divórcio não é uma sábia solução para casamentos em crise, mas um sério agravante, um outro problema que, na maioria das vezes, traz profundo sofrimento e frustração. A psicóloga Diane Medved diz que os casais estão chegando à conclusão de que o divórcio é mais danoso do que o casal enfrentar a crise junto. Os prejuízos provocados pelo divórcio são devastadores a curto, médio e longo prazos. Há muitos casais e filhos arrebatados emocionalmente pelo divórcio.

A presença de casamentos em crise, casamentos quebrados e até mesmo do divórcio está aumentando não apenas entre os não cristãos, mas também dentro das comunidades evangélicas. As pessoas divorciadas estão flutuando dentro das comunidades cristãs. Há muitos líderes religiosos enfrentando o divórcio. Esta é uma realidade que não pode ser negada. Contudo, à luz das Escrituras, o divórcio não é a solução divina para a crise do casamento. Não é sensato fugir do problema em vez de enfrentá-lo.

PARTE 2 — MENSAGENS AOS CÔNJUGES

De fato, não existe casamento perfeito. Não há casamento sem problemas. Todo casamento exige renúncia e adaptação. Nenhum casamento sobrevive sem perdão e restauração. Muitas pessoas hoje estão discutindo e buscando o divórcio antes de entender o que as Escrituras ensinam sobre o casamento. Casamento não é uma união experimental. A aliança conjugal não termina quando as crises chegam. Só há duas cláusulas de exceção para o divórcio nas Escrituras: a infidelidade conjugal (Mt 19:9) e o abandono (1Co 7:15). Divórcio por quaisquer outros motivos seguido de novo casamento consiste em adultério (Mt 5:32).

Como, então, enfrentar as crises no casamento sem pensar em desistir?

1. Reconhecendo que o casamento não é uma invenção humana, mas uma instituição divina (Gn 2:18-24). O casamento não é um expediente humano. O próprio Deus estabeleceu, instituiu e ordenou o casamento desde o início da história humana. Gênesis 2:18-24 revela que o casamento nasceu no coração de Deus quando não havia ainda legisladores, nem leis, nem Estado, nem Igreja. O casamento é um dom de Deus para a raça humana. Deus não apenas criou o casamento, mas também o abençoou (Gn 1:28). Qualquer esforço de atentar contra os princípios estabelecidos por Deus para o casamento conspira contra o próprio Deus, que o instituiu. Por isso, Deus odeia o divórcio (Ml 2:14).

2. Reconhecendo a natureza do casamento (Mt 19:4-8). Quando Jesus foi questionado pelos fariseus sobre o divórcio (Mt 19:3,4), ele não discutiu o assunto antes de falar sobre a natureza do casamento, de acordo com os princípios estabelecidos na própria criação (Mt 19:4-8). De acordo com o padrão absoluto de Deus, estabelecido na criação, o casamento, em primeiro lugar, é heterossexual (Gn 1:27). União homossexual é abominação para Deus (Lv 18:22; Rm 1:24-28). Em segundo lugar, o casamento é monogâmico (Gn 2:24). Em terceiro lugar, o casamento

é "monossomático" (Gn 2:24). João Calvino disse que a união do casamento é mais sagrada e mais profunda do que a união dos filhos aos pais. Nada, senão a morte, pode separar os cônjuges (Rm 7:2). Em quarto lugar, o casamento é indissolúvel (Mt 19:6). Jesus afirmou que marido e mulher não são mais dois, mas uma só carne, e o que Deus uniu o homem não pode separar. Divórcio, portanto, é uma rebelião contra Deus e os seus princípios. Em quinto lugar, o casamento não é compulsório. O celibato é um dom de Deus, e não uma imposição (1Co 7:32-35). Embora a razão do casamento seja resolver o problema da solidão, Deus chamou alguns para serem uma exceção à sua própria norma (Gn 2:18,24; Mt 19:11,12; 1Co 7:7).

3. Reconhecendo que em Deus podemos superar as crises do casamento sem azedar o coração (Mt 19:7,8). Jesus disse aos fariseus que o divórcio nunca foi uma ordenança divina, mas uma permissão, e isso por causa da dureza dos corações. O divórcio ocorre porque os corações estão endurecidos. Dureza de coração é a indisposição de obedecer à palavra de Deus. É a indisposição de perdoar, restaurar e recomeçar o relacionamento conjugal de acordo com os princípios de Deus. Segundo Jesus, o divórcio jamais é compulsório onde existe espaço para o perdão. O divórcio é resultado do pecado, e não uma expressão da vontade de Deus. O perdão e a restauração são melhores do que o divórcio. O divórcio não é compulsório nem em caso de adultério; a restauração é melhor do que o divórcio.

Concluindo, ressaltamos que a igreja precisa dar ênfase a famílias fortes. Casamentos estáveis resultam em famílias, igrejas e sociedade saudáveis. A solução para o casamento e para a família não está nos modelos falidos da sociedade pós-moderna, mas na Palavra de Deus. O mesmo Deus que instituiu o casamento tem a solução para os casamentos em crise. Somente Deus pode curar relações quebradas, trazendo esperança onde os sonhos já morreram; trazendo vida onde as sombras da morte já escurecem os horizontes; trazendo cura e restauração onde as feridas estão cada vez mais doloridas. O grande desafio para a igreja e a sociedade contemporânea é retornar para Deus e obedecer aos seus mandamentos. O mesmo Deus que criou o casamento tem solução para ele. Deus é o criador, sustentador e restaurador do casamento. Quando ele reina no casamento, o divórcio não tem espaço.

Amor qualificado

> *Maridos, amai vossa mulher, como também Cristo amou a Igreja e a si mesmo se entregou por ela* (Efésios 5:25).

O apóstolo Paulo, em sua carta aos Efésios (Ef 5:18-33), coloca os relacionamentos familiares dentro do contexto da plenitude do Espírito Santo. Nada mais oportuno. A esposa não consegue ser submissa a seu marido, nem o marido amar sua mulher, sem a plenitude do Espírito Santo. Um marido cheio do Espírito ama a sua mulher como Cristo amou a igreja. Esse amor pode ser atestado como segue:

1. O MARIDO DEVE AMAR SUA MULHER COM AMOR INCONDICIONAL. A palavra de Deus diz que Cristo amou os seus e amou-os até o fim (Jo 13:1). Jesus amou seus discípulos não por causa de seus méritos, mas apesar de seus deméritos. Amou-os não por suas virtudes, mas apesar de suas fraquezas. O marido deve amar sua mulher com todas as suas limitações ou mesmo quando seu amor não é plenamente correspondido.

2. O MARIDO DEVE AMAR SUA MULHER COM AMOR PERSEVERANTE. Cristo amou os seus até o fim. Assim o marido deve amar sua mulher com amor perseverante. Não é amar até a primeira crise. Não é amar até a primeira fraqueza. O amor tudo sofre, tudo crê, tudo espera, tudo suporta. O amor jamais acaba. As muitas águas não podem apagar o amor, nem os rios afogá-lo.

PARTE 2 — MENSAGENS AOS CÔNJUGES

3. O MARIDO DEVE AMAR SUA MULHER COM AMOR SANTIFICADOR. Cristo amou a igreja e a santificou. O amor do marido deve dar segurança à sua esposa e protegê-la. Uma mulher amada pelo marido não se vulnerabiliza. Uma mulher amada pelo marido é protegida das seduções perigosas que, sutilmente, circundam a sua vida.

4. O MARIDO DEVE AMAR SUA MULHER COM AMOR SACRIFICIAL. Cristo amou a igreja e a si mesmo se entregou por ela. O amor não é egoísta nem visa seus próprios interesses. Quem ama se entrega. Quem ama se doa. Quem ama está pronto a viver e a morrer pela pessoa amada. O amor do marido pela esposa não pode ser apenas de palavras, mas deve ser demonstrado por sua disposição de servi-la e por sua prontidão de dar sua vida por ela.

5. O MARIDO DEVE AMAR SUA MULHER COM AMOR ALTRUÍSTA. Quem ama a sua mulher a si mesmo se ama, pois sua esposa é carne de sua carne, e ninguém jamais odiou sua própria carne, antes a alimenta e dela cuida. O marido não pode tratar sua mulher com indiferença nem com truculência. A mulher é o vaso mais frágil. Precisa ser tratada com dignidade e ternura. O marido precisa viver a vida comum do lar e relacionar-se com sua mulher de forma fiel e amável, suprindo suas necessidades físicas, emocionais e espirituais.

6. O MARIDO DEVE AMAR SUA MULHER COM AMOR ROMÂNTICO. A palavra *cuidar*, em Efésios 5:29, tem o significado de "acariciar". O marido não pode ser rude no trato. Deve tratar sua mulher com romantismo. Deve cobri-la de afeto e encorajá-la com eloquentes elogios. Cabe ao marido suprir as necessidades emocionais de sua esposa, a fim de que ela seja valorizada como sua amada e se sinta confortada com o seu amor.

7. O MARIDO DEVE AMAR SUA MULHER COM AMOR PRÁTICO. Todas as vezes que essa ordenança é dada ao marido nas Escrituras, utiliza-se a palavra grega *agápe* para caracterizar o amor. Esse amor

é distinto do amor físico e vai além do amor amizade. Trata-se do amor que se entrega sem reservas e que se sacrifica sem temores. Esse amor não é um conceito teórico, mas uma atitude prática. Serve mais do que deseja ser servido, doa-se mais do que deseja receber, investe mais do que reivindica. Esse amor se sacrifica em vez de exigir sacrifícios. Permanece, portanto, a ordem apostólica: *Maridos, amai vossa mulher* (Ef 5:25)!

Mulheres, sejam submissas ao seu marido

> *As mulheres sejam submissas ao seu próprio marido, como ao* Senhor (Efésios 5:22).

O relacionamento entre marido e mulher, de acordo com o padrão divino, é consequência da plenitude do Espírito Santo (Ef 5:18). Somente um marido cheio do Espírito Santo ama sua mulher como Cristo ama a igreja, e somente uma mulher cheia do Espírito Santo submete-se a seu marido como a igreja é submissa a Cristo. Antes de expor o que a submissão significa, é mister deixar claro o que ela não significa.

1. O que a submissão não significa?

A submissão não significa inferioridade de gênero. Homem e mulher foram criados por Deus à sua imagem e semelhança. Ambos têm o mesmo valor e a mesma dignidade aos olhos de Deus. Nenhum é superior ou inferior ao outro (1Co 11:11,12). A mulher não é submissa ao gênero masculino; é submissa a seu próprio marido. A submissão não é uma questão de valor pessoal, mas uma questão funcional no casamento.

A submissão não significa que a mulher é um capacho do homem. Submissão não é inferioridade nem significa negar à esposa o direito de ter vez e voz. A mesma Escritura que ordena à mulher ser submissa a seu marido ordena ao marido amar sua mulher como Cristo amou a igreja (Ef 5:25). Não é submissão a um tirano, mas a um marido que a ama com amor perseverante, santificador e sacrificial (Ef 5:25-29). A submissão não é obediência incondicional. A submissão da esposa a seu marido está limitada à sua obediência a Cristo. Ela não é obrigada a ser submissa ao marido se ele exige dela que transgrida sua consciência ou se requer dela uma postura que ultrapasse sua fidelidade a Cristo. Se o marido exigir de sua mulher uma obediência cega, servil e opressora, por dever de consciência, ela deve desobedecer-lhe para obedecer a Cristo, pois antes *importa obedecer a Deus do que aos homens* (At 5:29).

2. O QUE A SUBMISSÃO SIGNIFICA?

A submissão da esposa ao seu marido significa exercer uma missão sob a missão do marido. Quando Deus instituiu a família, por questão de funcionalidade, colocou o marido como cabeça da esposa, como o próprio Deus é o cabeça de Cristo (1Co 11:3). Uma casa não pode ter dois comandos. Uma família não pode ser bicéfala. Deus é Deus de ordem, e não de confusão. O homem é o responsável pela liderança de sua família. A mulher sábia entende e respeita isso e ajuda seu marido, como auxiliadora idônea, a cumprir sua missão.

A submissão da esposa a seu marido significa que ela exerce esse papel com espontaneidade, e não com relutância. A mulher deve ser submissa a seu marido como a igreja é sujeita a Cristo (Ef 5:24). Em outras palavras, porque a mulher é serva de Cristo, ela se submete a seu marido. Com essa postura, ela orna a doutrina de Cristo, honra o marido e edifica a sua casa. A submissão da esposa ao marido não é um cerceamento de sua liberdade, mas uma afirmação dela. Somos livres não quando transgredimos os preceitos que nos regem, mas quando os observamos. Somos livres para dirigir nosso carro quando obedecemos às leis de trânsito, e

PARTE 2 — MENSAGENS AOS CÔNJUGES

não quando as transgredimos. Somos livres para ir e vir na sociedade quando observamos as leis constituídas, e não quando as quebramos. Assim, quanto mais a mulher é submissa ao marido, mais livre ela é, pois submissão para ela não é subserviência, mas realizar sua missão sob a missão dele, para que ele cumpra sua missão de amá-la como Cristo amou a igreja.

A submissão da esposa a seu marido significa que ela tem na igreja de Cristo seu exemplo e seu padrão. Quanto mais a igreja é submissa a Cristo, mais feliz ela se torna, mais segura ela vive e mais livre ela se sente. Assim também, quanto mais a esposa se sujeita a seu marido, como convém no Senhor, mais feliz ela é, mais segura vive e mais livre se sente. Os preceitos de Deus não nos aprisionam, mas nos libertam. Não nos foram dados para nos oprimir, mas para nos dar vida em abundância. Que os casamentos sejam esse reduto feliz onde o marido ama a sua mulher como Cristo amou a igreja, e a esposa é submissa a seu marido como a igreja o é a Cristo.

Maridos, amai vossa mulher

> *Maridos, amai vossa mulher, como também Cristo amou a Igreja e a si mesmo se entregou por ela* (Efésios 5:25).

Se a palavra que caracteriza o dever da esposa é submissão, a palavra que caracteriza o papel do marido é amor. O marido nunca deve usar sua liderança para esmagar ou neutralizar a esposa. A ênfase bíblica não está na autoridade do marido, mas no seu amor por ela (Ef 5:25,28,33). O que significa submissão? É entregar-se a alguém. O que significa amor? É entregar-se por alguém. Assim, submissão e amor são dois aspectos da mesmíssima coisa. Martyn Lloyd-Jones, ilustre pregador, expôs com desenvoltura invulgar este texto áureo de Efésios 5:22-33. Rebuscamos algumas de suas preciosas ideias.

1. Os cinco verbos que definem a ação do marido (Ef 5:24-33). O apóstolo Paulo, escrevendo em Efésios 5:24-33, usa vários verbos para descrever a ação do marido em relação à sua mulher. Em primeiro lugar, ele usa o verbo *amar*. O marido deve amar a esposa como Cristo amou a igreja. O amor de Cristo pela igreja foi proposital, sacrificial, santificador, altruísta, abnegado e perseverante. Em segundo lugar, Paulo usa o verbo *entregar-se*. O marido deve amar sua mulher com um amor não egoísta, ou seja, um amor devotado. Em terceiro lugar, Paulo usa o verbo *santificar*. O amor visa o bem da pessoa amada. A mulher que é amada pelo

marido é protegida de muitas tentações, e sua vida é santificada. Em quarto lugar, Paulo usa o verbo *purificar*. O amor busca a perfeição da pessoa amada. Finalmente, Paulo usa o verbo *apresentar*. O amor visa a felicidade plena da pessoa amada.

2. O MARIDO DEVE CUIDAR DA VIDA ESPIRITUAL DA ESPOSA (Ef 5:26). O marido é responsável pela vida espiritual da esposa e dos filhos. Ele é o sacerdote do lar. O marido precisa buscar a santificação da esposa. Deve ser a pessoa que mais exerça influência espiritual sobre ela. Deve ser uma bênção na vida dela (Pv 31:11,12,23,28,29).

3. O MARIDO DEVE CUIDAR DA VIDA EMOCIONAL DA ESPOSA (Ef 5:29). O marido, ao ferir a esposa, fere a si mesmo. Ao cuidar da esposa, cuida de si mesmo. Mas como o marido deve cuidar da esposa?

Em primeiro lugar, ele não deve abusar dela. Um homem pode abusar do seu corpo, comendo ou bebendo em excesso. Um homem que faz isso é néscio, porque, ao maltratar o seu corpo, ele mesmo vai sofrer. De igual modo, o marido que maltrata a esposa é néscio. Ele machuca a si mesmo ao ferir a esposa. Um marido abusa da esposa ao ser rude com ela; não dar tempo, atenção e carinho a ela; usar palavras e gestos grosseiros; ou ser infiel a ela.

Em segundo lugar, ele não deve descuidar dela. Um homem pode descuidar do seu corpo. E, se o faz, é néscio e vai sofrer por isso. Se você está com a garganta inflamada, não pode cantar nem mesmo falar direito. Todo o seu trabalho será prejudicado. Você tem ideias e mensagem, mas não pode transmiti-las. Quando o marido descuida da esposa, ele se priva dos mais excelentes privilégios. O marido descuida da esposa quando substitui relacionamento por trabalho; quando passa todo o tempo disponível em frente da televisão, do computador ou com os amigos. Há viúvas de maridos vivos. Há maridos que querem viver a vida de solteiro. O lar para eles é apenas um albergue.

4. O MARIDO DEVE CUIDAR DA VIDA FÍSICA DA ESPOSA (Ef 5:29). O marido deve zelar pela vida física da esposa (alimentá-la e cuidar dela). Como o homem sustenta o corpo? Em primeiro lugar, pela dieta. Um homem deve pensar em sua dieta. Deve ingerir suficientes alimentos e fazê-lo regularmente. Assim também, o marido deveria estar pensando no que ajudará sua esposa.

Em segundo lugar, pelo prazer e deleite. Quando ingerimos nossos alimentos, não só pensamos em termos de calorias ou proteínas. Não somos puramente científicos. Pensamos também naquilo que nos dá prazer. Da mesma forma, o marido deve tratar a esposa. Ele deve pensar no que lhe agrada. O marido deve ser criativo no sentido de sempre alegrar e agradar a esposa.

Em terceiro lugar, pelo exercício. A analogia do corpo exige mais este ponto. O exercício é fundamental para o corpo. O exercício é igualmente essencial para o casamento. É o diálogo. É a quebra da rotina desgastante. A comunicação no casamento é vital.

Em quarto lugar, pelas carícias. A palavra *cuidar* só aparece em Efésios 5:29 e em 1Tessalonicenses 2:7. Significa acariciar. O marido precisa ser sensível às necessidades emocionais e sexuais da esposa. O marido precisa aprender a ser romântico, cavalheiro, gentil e cheio de ternura com sua esposa.

Numa época como a nossa, de falência da virtude, enfraquecimento da família e explosão de divórcios, precisamos nos voltar para os preceitos da palavra de Deus para termos uma vida santa e feliz.

Os atributos da mulher virtuosa

Mulher virtuosa, quem a achará? O seu valor muito excede o de finas joias (Provérbios 31:10).

Provérbios 31:10-31 é um acróstico, em que cada verso começa com uma letra do alfabeto hebraico. É uma homenagem à mulher. Esse texto é uma poesia que exalta a mulher e encerra ensinos preciosos. À luz do texto, vejamos os atributos da mulher feliz.

1. ELA É PRECIOSA (Pv 31:10). A mulher virtuosa vale mais do que o ouro. *A casa e os bens vêm como herança dos pais; mas do* SENHOR, *a esposa prudente* (Pv 19:14). *O que acha uma esposa acha o bem e alcançou a benevolência do* SENHOR (Pv 18:22). Essa mulher vale mais do que herança, mais do que riqueza, mais do que apartamento de luxo, mais do que carro requintado. Mais do que todos os bens materiais. É lamentável que a geração contemporânea esteja dando mais ênfase ao ter do que ao ser. É triste ver pessoas se casando por interesses financeiros em vez de construir o casamento sobre o alicerce do amor.

2. ELA É CONFIÁVEL (Pv 31:11). Ela é fiel a seu marido. É uma mulher honrada, de conduta irrepreensível. Ela pode dizer: *Eu sou do meu amado, e o meu amado é meu* (Ct 6:3). Ela é um jardim fechado, uma fonte selada, uma esposa confiável (Ct 4:12). Não há casamento feliz sem fidelidade conjugal. Não há famílias

estruturadas sem a integridade moral dos cônjuges. Não há igrejas sólidas sem famílias edificadas pelo Senhor (Sl 127:1).

3. ELA É ABENÇOADORA (Pv 31:12). Ela é uma aliviadora de tensões, uma amiga, confidente, conselheira. É uma mulher estável emocionalmente. A mulher virtuosa é uma alavanca na vida do marido (Pv 31:23). O sucesso do marido é devido à influência da sua mulher. Ao lado de um grande homem, sempre há uma grande mulher. Ela impulsiona o seu marido para a frente. Empurra-o para o progresso. Seu marido desfruta de um bom conceito na cidade e no trabalho, graças à magnífica influência da esposa. Essa mulher é o elo da família. Como sábia construtora, ela está edificando a sua casa. O marido e os filhos estão felizes. Nenhum sucesso profissional compensa o fracasso do seu casamento ou da sua família.

4. ELA É TRABALHADORA (Pv 31:15,18,19,27). Ela é boa dona de casa e administradora hábil (Pv 31:15). Controla as atividades e a atmosfera do lar. É zelosa no cumprimento de seus deveres domésticos. Sua casa anda em ordem (Pv 31:27). Ela não come o pão da preguiça (Pv 31:27). Tem visão de negócios. Trabalha e tem lucro. Trabalha diuturnamente (Pv 31:18,19). Produz (Pv 31:24). Vende, comercializa, tem expediente, não é dependente.

5. ELA É PREVIDENTE (Pv 31:21,25). Ela é organizada (Pv 31:21). Não deixa as coisas para a última hora. Tem um programa e antecipa as coisas. Antes de chegar o inverno, já prepara para sua família as roupas próprias. Essa mulher tem uma agenda e sabe administrar bem o seu tempo. Ela tem tempo para Deus (Pv 31:30), para o marido (Pv 31:12), para os filhos (Pv 31:28), para o próximo (Pv 31:20) e para si mesma (Pv 31:22). Não é ansiosa (Pv 31:25). Não vive antecipando problemas, mas soluções.

6. ELA É GENEROSA (Pv 31:20). Tem o coração sensível e as mãos abertas. É ajudadora dos pobres. Seu dinheiro e seus bens não são apenas para serem acumulados, mas distribuídos com generosidade. Ela não se preocupa apenas com a sua família, mas

PARTE 2 — MENSAGENS AOS CÔNJUGES

com os que sofrem ao seu redor. Há muitas pessoas gastando grandes somas de dinheiro num vestido, numa bolsa, num sapato, num adorno, enquanto há tantos famintos ao seu redor, precisando comer um prato de arroz com feijão. Hoje gastamos mais com cosméticos e futilidades do que com o reino de Deus e o próximo. Essa mulher cuida do marido, dos filhos, da casa, dos negócios e do próximo e faz tudo isso de bom grado (Pv 31:13).

7. ELA É ELEGANTE (Pv 31:17,22). Ela cuida do seu corpo: *Cinge os lombos de força e fortalece os braços* (Pv 31:17). Ela cuida da sua saúde e tem uma correta autoestima. Mantém-se em boa forma. Não é uma mulher relaxada com a sua apresentação pessoal. Veste-se com elegância, decência e bom gosto (Pv 31:22). Tem amor-próprio, pois reconhece o seu valor.

8. ELA É EDUCADORA (Pv 31:26). É uma conselheira sábia. Passa uma visão correta da vida para os filhos. Também é uma conselheira bondosa. Sua língua é uma fonte de bons conselhos, fala com ternura e graça; não há rancor nem insensatez em suas palavras. É prudente e bondosa no falar. Fala a verdade em amor. É mãe conselheira. Tem tempo para os filhos e sabe ouvi-los. Ela faz do seu lar um lugar de apoio e encorajamento para a vida.

9. ELA É PIEDOSA (Pv 31:25,30). É uma mulher de vida moral irrepreensível (Pv 31:25). Força e dignidade são os seus atavios. Ela tem nome honrado, conduta digna, vida limpa, comportamento irrepreensível. Ela reconhece que sua maior beleza não é física, mas espiritual (Pv 31:30). Sua beleza interior supera a beleza da sua esplêndida aparência. A maior glória dessa mulher é andar com Deus.

10. ELA É ELOGIADA (Pv 31:28-31). Ela é elogiada pelo marido (Pv 31:28,29). Seu marido a considera a melhor mulher do mundo. Ele proclama para seus amigos a bênção superlativa que é a esposa em sua vida. Ela é elogiada pelos filhos (Pv 31:28). Ela não tem preferência por um filho em prejuízo de outro. Todos os seus filhos a

chamam de ditosa, de uma mulher feliz. Ela é elogiada também pelas suas obras (Pv 31:31). É elogiada ainda por Deus (Pv 31:30). Deus a exalta, a promove. Essa mulher tem reconhecimento não apenas na terra, mas também no céu.

As atitudes do marido cristão

> *Maridos, vós, igualmente, vivei a vida comum do lar, com discernimento; e, tendo consideração para com a vossa mulher como parte mais frágil, tratai-a com dignidade, porque sois, juntamente, herdeiros da mesma graça de vida, para que não se interrompam as vossas orações* (1Pedro 3:7).

A ética cristã é recíproca no governo, no trabalho e na família. Não existem dois pesos e duas medidas quando o assunto é papel do governo ou do cidadão, do patrão ou do empregado, do marido ou da mulher, dos pais ou dos filhos. Antes, há um equilíbrio entre privilégios e responsabilidades, entre direitos e deveres (Ef 5:22-6:9).

A submissão da esposa não dá ao marido o direito de ser rude ou déspota. O uso do termo igualmente, direcionado aos maridos, revela que, longe de a submissão da esposa ser uma plataforma confortável que permite ao marido explorar a mulher, é um campo de serviço. Cristo, sendo Senhor da igreja, a serviu. Sendo o cabeça da igreja, morreu por ela. Não há egoísmo no amor de Cristo pela igreja.

Jesus jamais abusou, tiranizou, explorou ou envergonhou a sua noiva. Assim como Cristo, o marido que espera a submissão da sua mulher deve estar pronto a dar a vida por ela. Esse é o padrão de Deus. Porém, a Bíblia não diz ao marido para amar sua mulher apenas quando ela lhe é submissa, nem diz à mulher para se submeter a seu marido apenas quando ele a ama como Cristo ama a igreja. Antes, os maridos são orientados a amar sua mulher sendo ela submissa ou não. E as mulheres são orientadas a se submeter a seu marido sendo ele amoroso ou não. O marido precisa estar preparado para dar sua vida pela esposa, e a mulher precisa estar pronta para se submeter a seu marido.

No entanto, é mais fácil para uma mulher ser submissa ao marido como a igreja é submissa a Cristo do que o marido amar sua esposa como Cristo ama a igreja. Talvez seja por isso que Pedro destaca quatro cuidados que o marido deve ter com a esposa.

O primeiro cuidado se refere ao aspecto físico: *Maridos, vós, igualmente, vivei a vida comum do lar...* (1Pe 3:7). A expressão vivei a vida comum do lar é a tradução da palavra grega *synoikuntes*, que significa "vivendo juntos na mesma casa" como marido e mulher. Essa palavra também denota o sentido de coabitação, que proíbe separações desnecessárias e implica mútua comunhão de bens e pessoas, com prazer e harmonia. Embora esse relacionamento tenha uma abrangência maior, não podemos deixar de destacar o aspecto da intimidade física. O casamento é, fundamentalmente, um relacionamento físico: *... tornando-se os dois uma só carne* (Gn 2:24). Ao marido cabe, portanto, a responsabilidade de cuidar da sua esposa e do seu lar. Ou seja, a responsabilidade de ser o provedor do lar (1Tm 5:8).

O marido também deve cuidar do aspecto intelectual: *... com discernimento...* (1Pe 3:7). O discernimento é fruto do conhecimento. Homem e mulher são dois universos distintos. Têm profundas diferenças físicas e emocionais. Essas diferenças, porém, complementam a relação. O marido cristão precisa conhecer as variações de humor, sentimentos, medos e esperanças da esposa. Precisa "ouvir com o coração" e falar a verdade em amor com ela.

Há muitos homens que conhecem pouco das peculiaridades femininas. Tratam sua mulher como se estivessem tratando com outro homem. Faltam-lhes conhecimento e tato.

O aspecto emocional é outra área que exige cuidado da parte do marido: ... *tendo consideração para com a vossa mulher como parte mais frágil...* (1Pe 3:7). O marido precisa tratar sua mulher com cavalheirismo. Precisa ser romântico, carinhoso e amável no trato com sua esposa. Deve dirigir-se constantemente à sua mulher, dizendo: *Muitas mulheres procedem virtuosamente, mas tu a todas sobrepujas* (Pv 31:29). Nada fere mais uma mulher do que um marido "casca grossa" e rude no trato. É óbvio que Pedro não está dizendo que a mulher é a parte mais frágil em termos mentais, morais ou espirituais, mas sim em termos físicos. A mulher é mais sensível na alma e mais frágil na força física. Assim, como o mais forte dos dois parceiros no casamento, o marido deve carregar os fardos mais pesados, proteger sua esposa e suprir suas necessidades. O marido deve tratar a esposa como um vaso caro, belo e frágil, que contém um tesouro precioso. A expressão "ter consideração" significa que o marido respeita os sentimentos, os desejos e a maneira de pensar da esposa.

O último cuidado mencionado por Pedro se relaciona com o aspecto espiritual: ... *tratai-a com dignidade, porque sois, juntamente, herdeiros da mesma graça de vida, para que não se interrompam as vossas orações* (1Pe 3:7). Na Antiguidade, as mulheres não participavam dos cultos gregos e romanos. Até mesmo nas sinagogas judaicas as mulheres não podiam ter acesso. No cristianismo, porém, as mulheres têm direitos espirituais iguais. Isso traz consequências para o marido, pois sua vida espiritual está diretamente relacionada com a forma de ele tratar sua mulher.

Na verdade, Pedro vai mais longe ao tratar do aspecto espiritual, pois ele diz que, se o marido falhar em amar, honrar e respeitar sua mulher, certamente terá suas orações interrompidas. Pois os suspiros da mulher maltratada se interpõem entre as orações do esposo e os ouvidos de Deus. E, quando cessam as orações ou quando se resumem a mera formalidade, a vida espiritual e também o matrimônio correm perigo.

É certo que Deus não aceita as orações que marido e mulher oferecem num ambiente de luta, briga e discórdia. Ele quer que se reconciliem, para que possam orar juntos em paz e harmonia e, assim, desfrutar das incontáveis bênçãos divinas. Portanto, todos os casados devem se empenhar em manter um comportamento amável e pacífico, a fim de não atrapalhar, com suas brigas, as suas orações.

PARTE 3
Mensagens aos pais

O relacionamento entre pais e filhos

> *Filhos, obedecei a vossos pais no Senhor, pois isto é justo.* [...] *E vós, pais, não provoqueis vossos filhos à ira, mas criai-os na disciplina e na admoestação do Senhor* (Efésios 6:1,4).

Quando o apóstolo Paulo escreveu sua carta aos Efésios, ordenando aos pais: *E vós, pais, não provoqueis vossos filhos à ira...* (Ef 6:4), estava em vigência no Império Romano o regime do *patria potestas*. O pai tinha o direito absoluto sobre os filhos: podia casá-los, divorciá-los, escravizá-los, vendê-los, rejeitá-los, prendê-los e até matá-los. Hoje, vivemos o reverso dessa triste situação. Nos idos de 1960, surgiu com a revolução *hippie* a aversão a toda instituição e autoridade. A família foi profundamente afetada. A autoridade dos pais foi questionada, desafiada e repudiada.

Precisamos buscar a verdade para estabelecermos relacionamentos saudáveis entre pais e filhos, e essa verdade está nas Escrituras. Martyn Lloyd-Jones nos ajuda a compreender esse texto em sua exposição de Efésios. O apóstolo Paulo fala de duas coisas aqui:

1. O DEVER DOS FILHOS COM OS PAIS (Ef 6:1-3). Há três motivos pelos quais os filhos devem obedecer aos pais:

Em primeiro lugar, a natureza (Ef 6:1). A obediência dos filhos aos pais é uma lei da própria natureza, é o comportamento padrão de toda sociedade. Os moralistas pagãos, os filósofos estoicos, a cultura oriental, as grandes religiões também desfraldam essa bandeira. Por isso, a desobediência aos pais é um sinal de decadência da sociedade (Rm 1:28-30; 2Tm 3:1-3).

Em segundo lugar, a lei (Ef 6:2,3). Honrar pai e mãe é mais do que obedecer. Os filhos devem não apenas prestar obediência, mas também devotar amor, respeito e cuidado pelos pais. Honrar pai e mãe é honrar o próprio Deus; de igual modo, resistir à autoridade dos pais é resistir à autoridade de Deus. Honrar pai e mãe traz benefícios preciosos, como prosperidade e longevidade (Dt 5:16). Muito sofrimento, muitas lágrimas, muitas decisões precipitadas e muitos casamentos infelizes deixariam de acontecer se os filhos obedecessem a seus pais.

Em terceiro lugar, o evangelho (Ef 6:1). Os filhos devem obedecer aos pais no Senhor. Eles obedecem aos pais porque são servos de Cristo e porque isso é agradável ao Senhor.

2. O DEVER DOS PAIS COM OS FILHOS (Ef 6:4). O apóstolo Paulo exorta os pais a não excederem sua autoridade, mas a contê-la. Mediante o *patria potestas,* o pai tinha todo o poder e podia castigar os filhos e abusar deles, exorbitando, assim, em sua função. Paulo, porém, ensina que o pai cristão deve imitar outro modelo. A paternidade é derivada de Deus (Ef 3:14,15; 4:6). Os pais humanos devem cuidar dos filhos como Deus Pai cuida da sua família. Paulo trata do assunto de dois modos:

Em primeiro lugar, uma exortação negativa (Ef 6:4). *E vós, pais, não provoqueis vossos filhos à ira...* Os pais, no exercício da sua autoridade, podem exorbitar em sua função e abusar dos filhos. Tanto o excesso como a ausência de autoridade provocam ira nos filhos e também geram desânimo (Cl 3:20). Os pais podem provocar a ira dos filhos: a) Por excesso de proteção – encarando-os sempre

PARTE 3 — MENSAGENS AOS PAIS

como crianças que precisam de cuidado e proteção. b) Por favoritismo – Isaque e Rebeca cometeram esse grave erro. Isaque amava mais a Esaú, enquanto Rebeca tinha preferência por Jacó (Gn 25:28). Assim, os pais jogaram um filho contra o outro. c) Por desestímulo – há pais que nunca estão satisfeitos com os filhos. Cobram muito, mas não os elogiam em nada. Não dosam disciplina com encorajamento. Os filhos nunca conseguem atingir a expectativa dos pais. d) Por não reconhecerem a diferença dos filhos – não há nada mais perigoso do que comparar um filho com outro. Se eles são peculiares, não podem ser medidos pelo mesmo padrão. Eles têm personalidade, temperamento e habilidades diferentes. Muitos pais agridem os filhos querendo determinar para eles a escolha profissional e até mesmo o cônjuge. e) Por falta de diálogo – os pais irritam os filhos quando se trancam atrás dos muros do silêncio e fecham os canais de comunicação com eles. Davi chorou a morte de Absalão, mas não conversou com ele quando estava vivo. f) Por palavras ásperas ou agressão física – os filhos ficam desanimados quando são castigados por motivos fúteis e por destempero emocional dos pais.

Em segundo lugar, exortações positivas (Ef 6:4). Os pais devem criar os filhos na disciplina e na admoestação do Senhor. A palavra "criar" significa nutrir, alimentar. Calvino traduziu essa expressão como "sejam acalentados com afeição". Os filhos precisam de segurança, limites, amor e encorajamento. Os pais devem, também, treinar os filhos por meio da disciplina. A palavra *paidéia* significa treinar por meio da disciplina. Outrossim, os pais precisam encorajar os filhos por meio da palavra. A palavra "admoestação", *nouthesia*, significa educação verbal. É advertir e também estimular. Finalmente, os pais são responsáveis pela educação cristã dos filhos. A expressão "no Senhor" revela que o responsável pela educação dos filhos não é a escola nem mesmo a igreja, mas os próprios pais. A preocupação básica dos pais não é apenas que seus filhos se submetam a eles, mas que cheguem a conhecer e obedecer ao Senhor.

Pais segundo o coração de Deus

> Pais, não irriteis os vossos filhos, para que não
> fiquem desanimados (Colossenses 3:21).

A paternidade é uma das mais sublimes missões da humanidade e das mais complexas. Há muitos homens que ganharam notoriedade na sociedade e perderam os filhos. Galgaram os degraus da fama e do sucesso e sofreram derrotas fragorosas dentro do lar. Há aqueles, também, que jamais subiram ao pódio da fama, mas construíram famílias sólidas e edificaram relacionamentos saudáveis no lar. A Bíblia aponta vários exemplos de homens que foram grandes líderes, tornaram seus nomes célebres, alcançaram vitórias retumbantes contra seus inimigos e figuram na constelação dos grandes deste mundo, mas fracassaram fragorosamente no campo da família. Homens como Isaque, Davi e Josafá são enaltecidos ainda hoje pelas suas virtudes e conquistas fora dos portões da família, mas sofreram derrotas amargas no contexto familiar.

Ser pai não é uma missão simples. A paternidade responsável exige preparo, análise, avaliação e inteira dependência de Deus. Temos não apenas o privilégio de gerar filhos, mas também a responsabilidade de educá-los. A educação dos filhos é um investimento que exige compromisso, coerência e muito trabalho. A Bíblia diz que devemos ensinar os filhos com o exemplo (Dt 6:1-6).

Devemos fazê-lo com perseverança e criatividade. Dentre as várias áreas vitais na educação dos filhos, destacamos três indispensáveis:
1. OS PAIS PRECISAM CUIDAR DA FORMAÇÃO MORAL DOS FILHOS (Ef 6:4). Hoje, vivemos numa sociedade profundamente influenciada pela pós-modernidade, que transporta em sua bagagem três tendências perigosas: a pluralidade, a privacidade e a secularização. Há muitos conceitos e valores correndo por aí. O mundo cada vez mais rejeita a ideia de uma verdade absoluta. Os padrões morais graníticos e absolutos são considerados extremos, fundamentalistas e radicais. O mundo pós-moderno é uma grande arca que abriga toda sorte de pensamentos, religiões e filosofias. Acabou-se a ideia do conflito, da apologética, da discussão. Cada pessoa tem espaço para viver a sua crença, a sua filosofia de vida, o seu padrão moral. Nesse contexto, os pais não interferem na vida dos filhos. Cada um tem uma vida autônoma.

A ética pós-moderna é, também, profundamente privativa. Cada um vive a sua vida sem ter de prestar contas a ninguém. Não existe um código de ética com valores absolutos. Cada um tem a sua verdade, os seus princípios e valores. A ética tornou-se individual e privativa. Assim, no conceito pós-moderno, os pais não têm o direito de interferir na conduta dos filhos, não têm o direito de impor-lhes um padrão de conduta. As pessoas passam a viver dentro da mesma casa, debaixo do mesmo teto, mas sem nenhum comprometimento, aliança ou sentido de pertença.

Prevalece também na cultura pós-moderna a secularização. O homem é o centro de todas as coisas. Tudo deve girar em torno dele, para agradá-lo e promover o seu prazer imediato. Não há espaço para Deus nem para a sua verdade. Nesse ambiente confuso, os pais cristãos precisam voltar-se para a palavra de Deus, a verdade infalível, inerrante e suficiente, para forjar o caráter de seus filhos. Nossos filhos precisam ter caráter no meio de uma geração em que a corrupção trafega desde as mais altas cortes até as choupanas mais pobres. Precisam aprender a ser verdadeiros no meio de uma geração que tem vergonha de ser honesta. Precisam aprender a prática da justiça onde os escândalos de toda ordem são a principal atração dos meios de comunicação. Precisam aprender a amar, mesmo num mundo marcado pelo ódio e pelas guerras. Construir o caráter dos nossos filhos é mais importante que construir impérios. Nossos filhos precisam mais de ensino e sabedoria do que de fortunas. O bom nome vale mais do que riquezas.

2. OS PAIS PRECISAM CUIDAR DA VIDA ESPIRITUAL DOS FILHOS (Ef 6:4). Nossa sociedade está profundamente secularizada. *Ter* está se tornando mais importante do que *ser*. Os pais investem muito na formação intelectual e profissional dos filhos, mas, não raro, os deixam órfãos na área espiritual. Três coisas são essenciais na formação espiritual dos filhos.

Primeiro, os pais precisam ensinar os filhos a amar e a temer a Deus de todo o coração. O único antídoto que pode proteger os jovens da sedução do mundo e das paixões da mocidade é o amor a Deus. José do Egito resistiu à sedução da mulher de Potifar porque ele entendeu que a infidelidade é um pecado contra Deus (Gn 39:9). A consciência de que a maior malignidade do pecado é atentar contra a santidade de Deus é o que nos livra dos laços do pecado.

Segundo, os pais precisam ser modelos para os filhos. Não ensinamos apenas com palavras, mas, sobretudo, com exemplo (Pv 22:6). Um exemplo vale mais do que mil palavras. O exemplo não é apenas uma forma de ensinar, mas a única forma eficaz de fazê-lo. Os pais precisam ser coerentes. Precisam viver o que ensinam e ensinar o que vivem. Precisam ser o espelho de seus filhos. O espelho é mudo, mas é eloquente.

Terceiro, os pais precisam orar pelos filhos. Os pais são sacerdotes do lar. Eles devem não apenas falar de Deus para os seus filhos, mas, sobretudo, falar de seus filhos para Deus. Eles devem

PARTE 3 – MENSAGENS AOS PAIS

constantemente apresentá-los ao trono da graça. Devem interceder por eles, chorar por eles, jejuar por eles e jamais abrir mão de vê-los como coroa de glória nas mãos do Senhor. De nada adianta os pais ganharem o mundo inteiro e perderem seus filhos. A herança de Deus na vida dos pais não é dinheiro, riqueza ou fama, mas os filhos. Precisamos criar os nossos filhos para a glória de Deus. Eles devem ser mais filhos de Deus do que nossos. Nenhum sucesso compensa o fracasso dos filhos. Billy Graham disse num congresso mundial de evangelização em Amsterdã que Noé foi o maior evangelista do mundo, pois, embora não tenha levado nenhuma pessoa a Cristo, conseguiu salvar toda a sua família.

3. OS PAIS PRECISAM CUIDAR DA VIDA RELACIONAL DOS FILHOS (Ml 4:6). É triste constatar que há conflitos de geração dentro da família. Os pais não conseguem falar a linguagem dos filhos. Os filhos não conseguem compreender os pais. Há intransigência, indiferença e distância nos relacionamentos dentro do lar. Em vez de ser um lugar onde a fragrância do amor e o perfume da harmonia prevaleçam, o lar tem sido, muitas vezes, uma arena de brigas e um picadeiro de agressões veladas, verbais e até físicas.

A comunicação precisa ser restabelecida no relacionamento entre pais e filhos. O coração dos pais precisa ser convertido aos filhos, e o coração dos filhos, a seus pais. Os pais têm de ser sensíveis às necessidades emocionais dos filhos. Precisam aprender a ouvi-los. Precisam construir pontes de amizade a fim de que os filhos encontrem neles apoio, encorajamento e compreensão. O lar deve ser um lugar de refúgio, e não um campo de batalhas e contendas. Os pais precisam aprender a falar com os filhos. Falar a verdade em amor. Falar na hora certa, com a motivação certa, com o tom de voz certo. Os pais precisam disciplinar os filhos com brandura, coerência e espírito de amor e mansidão. Não devem provocá-los à ira, mas encorajá-los, ensiná-los e abençoá-los. Os pais precisam ser presentes e participativos na vida dos filhos. Devem ser seus melhores amigos, ajudando-os a chegar à maturidade física, emocional, moral e espiritual. Deus está procurando pais segundo o seu coração; pais que amem os filhos, que vivam para os filhos e os ensinem a viver uma vida digna de Deus nesta geração.

Mãe, ouse consagrar seus filhos a Deus

> Por este menino orava eu; e o SENHOR me concedeu
> a petição que eu lhe fizera (1Samuel 1:27).

A história da evangelização do mundo tem muito a ver com o heroísmo das mães. Muitas mães ousaram consagrar seus filhos a Deus, e muitos desses filhos foram levantados por Deus para grandes jornadas missionárias. Deus honra a atitude de pais e mães que consagram seus filhos à obra missionária, para que estes cumpram os propósitos gloriosos da expansão de sua obra. É impossível separar o avanço do reino de Deus da atitude de mães abnegadas, de mulheres que deram a si mesmas e a seus filhos para fazerem a obra de Deus.

Uma das mais belas páginas da história evangélica do nosso país começou além-fronteiras. O missionário pioneiro do presbiterianismo no Brasil foi Ashbel Green Simonton. Ele chegou ao Brasil no dia 12 de agosto de 1859, com 26 anos de idade. Seu pai era presbítero, médico e deputado federal. Quando Simonton, o nono filho, o caçula, nasceu, seus pais o levaram à igreja e o consagraram ao Senhor, dizendo: "Deus, nós consagramos o nosso filho caçula para a tua obra".

O menino cresceu e tornou-se um jovem brilhante e dotado de rara inteligência. Na juventude, recebeu o chamado de Deus para o ministério e logo entrou no Seminário de Princeton, em New Jersey, Estados Unidos. Fez um curso brilhante. Ao terminar os estudos, depois de ouvir um sermão de Charles Hodge, Deus o chamou para ser missionário no Brasil. Muitos tentaram demovê-lo, dizendo: "Simonton, você é louco em deixar a sua mãe já idosa, seu país, sua cidade, seus amigos, seus parentes, sua igreja, o conforto e as regalias desta terra, para ir a um país tão distante, tão pobre e tão devastado por doenças endêmicas. Isso não é seguro para você". Mas Simonton respondeu: "Não há lugar mais perigoso para um homem, ainda que cercado de conforto, do que fora da vontade de Deus. Não há lugar mais seguro para se estar, ainda que entrincheirado por perigos, do que no centro da vontade de Deus". Simonton teve um ministério meteórico no Brasil. Apenas oito anos. Ele morreu em São Paulo aos 34 anos, mas deixou plantada em solo pátrio a Igreja Presbiteriana do Brasil e outras marcas indeléveis na história da nação brasileira. A história da evangelização do nosso país é devedora à consagração de uma mãe e de um pai que colocaram no altar do Senhor uma criança, rogando a Deus que realizasse nela seus soberanos propósitos.

Mãe, o que você espera dos seus filhos? Quais são os sonhos que você tem para eles? Os nossos filhos devem ser mais filhos de Deus do que nossos. Devem viver para realizar os projetos de Deus, e não os nossos. Devem ser coroas de glória nas mãos do Senhor, e não troféus da nossa vaidade. Devem ser instrumentos usados por Deus para expansão do seu reino, e não apenas pessoas bem-sucedidas na vida. Devem levantar as antigas ruínas dessa civilização que tem se afastado de Deus, e não ser parte dessa ruína. Devem ser reparadores de brechas, a fim de que esta nação venha a conhecer o Senhor.

PARTE 3 – MENSAGENS AOS PAIS

Mãe, coloque o melhor que você tem, os seus filhos, no altar de Deus. Faça como Ana, mãe de Samuel, que depois de orar muitos anos por um filho, ao recebê-lo, devolveu-o para Deus. Ana compreendeu que Samuel tinha vindo de Deus, era de Deus e precisava ser consagrado de volta para Deus. Esse filho foi levantado por Deus num tempo de crise para ser o maior profeta, o maior sacerdote e o maior juiz de sua geração. Samuel foi o homem que trouxe a nação apóstata de volta para a presença de Deus. Oh, que Deus nos dê mães que ousem consagrar seus filhos à causa mais urgente e mais importante do mundo, a causa do evangelho!

Mãe, mestra do bem

> *Pela recordação que guardo de tua fé sem fingimento, a mesma que, primeiramente, habitou em tua avó Loide e em tua mãe Eunice, e estou certo de que também, em ti* (2Timóteo 1:5).

Queremos falar do papel das mães, essas mestras do bem, e do seu valor como educadoras, como rainhas do lar, como guardas das fontes. É claro que existem mães omissas, mães insensatas, mães sem amor natural, que induzem seus filhos ao erro. Nosso foco, entretanto, é ressaltar o papel da mãe cristã, que é exemplo para os filhos, que ora por eles e os educa com firmeza e doçura, transmitindo-lhes as sagradas letras. Há muitas mães dignas de destaque na Bíblia e na História. Há muitas mães merecedoras dos maiores encômios também em nosso meio, porém destacarei três mães da Bíblia. Vamos aprender com elas.

1. JOQUEBEDE, UMA MÃE QUE OUSOU LUTAR PELA SOBREVIVÊNCIA DO FILHO. Moisés, filho de Joquebede, deveria ser passado a fio de espada ou jogado aos crocodilos do rio Nilo logo ao nascer. A perseguição aos israelitas recém-nascidos no Egito era sangrenta, e a chance de escapar da tragédia era humanamente impossível. Joquebede, entrementes, não desistiu do seu filho. Ela montou um plano para salvá-lo da morte. Ela transcendeu o comum. Deus honrou seu gesto e salvou seu filho das águas do Nilo. A providência

divina fez o menino Moisés parar no palácio do faraó e retornar aos braços de Joquebede para ser amamentado. Foi nesse tempo, da primeira infância de Moisés, que sua mãe deu tudo de si para transmitir ao infante as verdades que mais tarde governariam a sua vida. Foi o ensino aprendido com sua mãe que levou Moisés a rejeitar as glórias do Egito por causa do opróbrio de Cristo. Precisamos de mães que invistam tempo na vida espiritual de seus filhos. Mães que busquem a salvação de seus filhos mais do que seu sucesso. Mães que deem o melhor do seu tempo para inculcar nos filhos as verdades eternas, verdades essas que os ajudarão a tomar as mais importantes decisões ao longo da vida.

2. Ana, uma mãe que ousou consagrar o seu filho a Deus. Ana era estéril, porque o próprio Deus havia cerrado a sua madre. No seu tempo, esse era um problema doloroso, que trazia muitos estigmas. Ana teve ainda que enfrentar a zombaria da sua rival, a incredulidade do seu marido e a censura do seu sacerdote.

Ela, contudo, não desistiu. Continuava orando e chorando diante de Deus, pedindo-lhe um filho. Houve um dia, porém, em que ela resolveu fazer um voto a Deus. Prometeu-lhe que, se Deus lhe desse um filho, ela o devolveria ao Senhor por todos os dias da sua vida. Deus ouviu o seu clamor, e ela concebeu e deu à luz Samuel, o maior juiz, o maior profeta e o maior sacerdote da sua geração. Precisamos de mães que ousem consagrar ao Senhor o melhor daquilo que este lhes tem dado. Mães que coloquem seus filhos no altar. Mães que consagrem seus filhos a Deus, para cumprirem os soberanos propósitos de Deus.

3. Eunice, uma mãe que educou o filho pelo exemplo e pelo ensino. Eunice era mãe de Timóteo e filha de Loide. Cresceu bebendo o leite da piedade e transmitiu a seu filho as mesmas verdades aprendidas em seu lar. Nela habitava uma fé sem fingimento. Essa mesma fé, ela transmitiu a seu filho. Eunice era uma mulher comprometida com a palavra de Deus. Ela ensinou

a Timóteo as sagradas letras desde a sua infância. A palavra grega usada é *brefos,* que quer dizer "desde o ventre". Essas sagradas letras tornaram Timóteo sábio para a salvação. Mais tarde, Timóteo tornou-se discípulo do apóstolo Paulo e um dos maiores pastores da igreja cristã, aquele que haveria de dar continuidade ao ministério do grande apóstolo dos gentios. Você, mãe, é desafiada a andar com Deus, a ensinar aos seus filhos a palavra de Deus e a prepará-los para serem vasos de honra nas mãos de Deus.

Pais, não irritem seus filhos!

E vós, pais, não provoqueis vossos filhos à ira, mas criai-os na disciplina e na admoestação do Senhor (Efésios 6:4).

Depois de orientar os filhos a serem submissos e obedientes a seus pais (Ef 6:1-3), a palavra de Deus ordena aos pais não provocar seus filhos à ira (Ef 6:4). A relação entre pais e filhos é uma pista dupla, em que há deveres e responsabilidades, direitos e obrigações. Se os filhos devem honrar os pais, os pais devem criar os filhos na disciplina e admoestação do Senhor. Se os filhos devem obedecer aos pais, os pais não devem provocar os filhos à ira. Mas como os pais poderiam provocar os filhos à ira?

1. Quando os pais deixam de ser um exemplo para eles. Os pais ensinam os filhos não apenas com palavras, mas, sobretudo, com exemplo. O exemplo não é uma forma de ensinar, mas a única forma eficaz de fazê-lo. A vida dos pais precisa ser o avalista de suas palavras. A vida dos pais é a vida do seu ensino. Quando os pais falam uma coisa para os filhos e vivem outra, quando são inconsistentes, então seu ensino se apequena. Em virtude dessa incongruência, os filhos ficam desanimados e irritados.

2. Quando os pais usam dois pesos e duas medidas. Há pais que elogiam e criticam os filhos pelos mesmos motivos. Não há uma regra clara para encorajá-los nem para discipliná-los. Os filhos ficam à mercê do ímpeto emocional dos pais, que, como

pêndulos, oscilam entre serenidade e irritabilidade. Os filhos precisam de regras claras, de princípios absolutos, de posicionamento consistente dos pais. Há pais que tratam filhos adultos como crianças e tratam filhos pequenos como adultos. Isso irrita os filhos!

3. QUANDO OS PAIS PREFEREM UM FILHO AO OUTRO. Os filhos não são iguais. Têm personalidade e temperamento diferentes. Os pais podem exigir deles o mesmo empenho, mas nunca o mesmo desempenho. Eles têm habilidades e potencialidades diferentes. Sendo assim, cada filho precisa ser tratado respeitando-se sua personalidade. Quando os pais demonstram preferência por um filho em detrimento de outro, provocam ciúmes, e essa emulação acaba por destruir a vida deles. Cada filho é um universo distinto. Cada filho deve ser tratado observando-se suas peculiaridades. As mesmas normas devem reger todos os filhos, mas a forma de aplicar essas normas deve variar de filho para filho.

4. QUANDO OS PAIS DEIXAM DE DOSAR DISCIPLINA COM ENCORAJAMENTO. Os filhos precisam de elogios e reprimendas. Precisam de apoio e de correção. Precisam de palavras de incentivo e de repreensão. Se os pais apenas cobram dos filhos e nunca os encorajam, isso os desanima. Se os pais apenas cobrem os filhos de mimo e nunca os disciplinam, isso produz neles um caráter invertebrado. Firmeza e doçura, encorajamento e repreensão, consolo e disciplina precisam caminhar de mãos dadas na sublime missão de educar filhos para a glória de Deus.

5. QUANDO OS PAIS DEIXAM DE VIVER A VIDA COMUM DO LAR. Há pais que transferem o amor conjugal para os filhos e tentam compensar nos filhos o fracasso do casamento. Os filhos nunca podem ocupar o lugar do cônjuge. A melhor coisa que os pais podem fazer pelos filhos é viver uma relação conjugal regada de amor e respeito. O exemplo dos pais fala mais alto aos ouvidos dos filhos do que as palavras mais eloquentes. O maior legado que os pais podem deixar é o exemplo de um casamento feliz. Os benefícios de crescer numa

família onde o amor é o cardápio do dia têm reflexos mais profundos na vida dos filhos que qualquer outra influência fora do lar.

6. Quando os pais têm uma espiritualidade eivada de hipocrisia. Os pais são o espelho dos filhos. Um espelho precisa ser limpo e plano. O espelho não grita; demonstra. O espelho não faz discurso; revela. Nada produz maior decepção na vida dos filhos do que os pais exigirem deles um estilo de vida que eles mesmos não vivem. Cobrarem deles uma vida espiritual que não têm. Esperarem deles um compromisso espiritual que nunca praticaram dentro do lar. Permanece, portanto, a orientação apostólica: *E vós, pais, não provoqueis vossos filhos à ira* (Ef 6:4).

Pai, um homem que faz a diferença

> *Decorrido o turno de dias de seus banquetes, chamava Jó a seus filhos e os santificava; levantava-se de madrugada e oferecia holocaustos segundo o número de todos eles, pois dizia: Talvez tenham pecado os meus filhos e blasfemado contra Deus em seu coração. Assim o fazia Jó continuamente* (Jó 1:5).

Nossa sociedade está precisando de modelos. Faltam referenciais positivos para a presente geração. A paternidade é uma missão nobilíssima que requer preparo, dedicação e abnegação. A paternidade responsável é uma das maiores carências dos nossos dias. Sem ela, a família fica acéfala ou enfrenta gigantescas dificuldades para superar o hiato deixado por sua ausência.

Quero trazer o exemplo de um pai que nos pode servir de modelo. Esse homem é Jó. Vejamos o que a Bíblia ensina a seu respeito.

1. JÓ SE CARACTERIZAVA POR UMA VIDA ÍNTEGRA (Jó 1:8). Este é o conceito de Deus a seu respeito: ... *homem íntegro e reto, temente a Deus e que se desvia do mal* (Jó 1:8). Na verdade, não havia ninguém na terra semelhante a ele. Sua vida era ilibada. Seu caráter era irrepreensível. Ele era modelo para os seus filhos. Seu ensino

era respaldado por seu exemplo. Ele vivia o que ensinava. Educava seus filhos não apenas pelo que falava, mas, sobretudo, pelo que demonstrava com sua vida.

2. **Jó CULTIVOU A AMIZADE ENTRE OS SEUS FILHOS** (Jó 1:4). Os filhos de Jó eram amigos uns dos outros. Isso só é possível quando os pais instilam esses princípios no coração dos filhos. Jó certamente não vivia comparando um filho com outro, despertando neles ciúmes e inveja. Jó investiu na unidade da família. Ele se esforçou para que seus filhos vivessem em constante harmonia. Os filhos de Jó eram pessoas que aprenderam a celebrar a vida com alegria e em comunhão uns com os outros.

3. **Jó VELAVA CONSTANTEMENTE PELA VIDA ESPIRITUAL DE SEUS FILHOS** (Jó 1:5). O texto bíblico diz: *Decorrido o turno de dias de seus banquetes, chamava Jó a seus filhos e os santificava...* (Jó 1:5). O ensino e o zelo pela formação espiritual de seus filhos não foram um esforço despendido apenas na infância. Jó continuava confrontando, educando, santificando, exortando e abençoando seus filhos, mesmo depois de adultos. Ele não abria mão da sua responsabilidade de pai que quer inculcar no coração dos filhos os valores do céu. Por isso, chamava seus filhos e os santificava.

4. **Jó ERA INTERCESSOR POR SEUS FILHOS** (Jó 1:5). Jó não abria mão de orar pelos filhos de madrugada. Ele era um homem de negócios. Era rico. Tinha muitos compromissos. Tinha uma agenda congestionada. Mas a sua prioridade era levantar de madrugada para interceder pelos filhos. Era sacerdote do seu lar. *...levantava--se de madrugada e oferecia holocaustos segundo o número de todos eles, pois dizia: Talvez tenham pecado os meus filhos e blasfemado contra Deus em seu coração...* (Jó 1:5).

5. **Jó ERA PERSEVERANTE NA ORAÇÃO PELOS FILHOS** (Jó 1:5). O texto prossegue e diz: *...Assim o fazia Jó continuamente* (Jó 1:5). Muitos pais oram durante algum tempo, mas logo desistem de interceder com fervor e persistência pelos filhos. A presente

geração precisa desesperadamente de pais perseverantes na oração, de pais intercessores. Há muitos pais que não sabem o que é levantar de madrugada para orar pelos filhos. Há muitos filhos que não veem seus pais de joelhos clamando aos céus por suas vidas. Oh, que Deus desperte uma geração de pais que possam ser modelos para seus filhos, como o foi Jó.

Mãe, não desista de seus sonhos

> ... *venho derramando a minha alma perante o* SENHOR (1Samuel 1:15).

Todos nós temos sonhos. Sonhar é viver. Quem não sonha não vive; quem desistiu de sonhar desistiu de viver. Quem não tem sonhos e projetos na vida caminha na contramão da história. Talvez você já tenha perdido alguns dos seus sonhos mais bonitos pelos caminhos da vida. Talvez já tenha visto alguns deles se transformarem em uma carga. Pode ser que você até mesmo tenha enterrado alguns dos seus sonhos, colocando sobre o túmulo uma lápide: "Aqui jazem os meus sonhos". Quero encorajá-lo a trazer de volta os seus sonhos, mesmo aqueles impossíveis, e colocá-los diante de Deus. Seus sonhos podem se tornar realidade.

Ana tinha um sonho (1Sm 1:1-28). Esse sonho alimentava a sua vida. Ana, porém, tinha um problema insolúvel; ela era estéril. Sua doença era incurável, mas ela não abria mão de ser mãe. Não bastasse sua dor, Ana ainda sofria toda sorte de zombaria por parte de sua rival, Penina. Mas ela não retribuía o mal com o mal. Ana não mergulhou o seu coração nas águas turvas da incredulidade, mas derramou a sua alma diante de Deus. Ana não se revoltou com o sacerdote Eli, quando este a censurou e lançou contra ela um libelo acusatório, chamando-a de bêbada, mas prontamente acolheu a sua palavra quando falou como profeta de Deus.

Ana tinha conflitos. Também nós os temos. Como conjugar o amor de Deus com a doença que conspira contra a realização dos nossos sonhos? Por que Deus adia a realização dos nossos sonhos mais legítimos? Por que Deus deixou Ana estéril e cerrou a sua madre? Por que, sendo ela uma mulher piedosa e amada por seu marido, não podia afagar em seu colo um mimoso rebento? Ana, porém, longe de ficar revoltada com Deus pela situação, buscou a sua face em oração, derramou a sua alma diante do Senhor e chorou a seus pés. Ana não desistiu de crer, mesmo em face do diagnóstico definitivo dos homens, mesmo diante das evidências irreversíveis de sua doença incurável. Ela não abriu mão de seus sonhos, ainda que todas as circunstâncias ao seu redor lhe fossem desfavoráveis. Ana prevaleceu pela fé. Ana creu. Ana concebeu e deu à luz não apenas um filho, mas trouxe ao mundo o maior homem da sua geração, Samuel.

Quais as razões de Deus adiar os nossos sonhos, se eles são legítimos? À luz de 1Samuel 1:1-28, podemos aprender várias lições.

1. DEUS ADIA A REALIZAÇÃO DOS NOSSOS SONHOS PARA NOS ENSINAR QUE O DEUS DAS BÊNÇÃOS É MELHOR DO QUE AS BÊNÇÃOS DE DEUS (1Sm 1:10). A nossa maior necessidade não é de coisas, mas de Deus. Poderíamos ter todas as bênçãos de Deus, mas, sem o próprio Deus, essas bênçãos não poderiam preencher o vazio do nosso coração. Deus adia os nossos sonhos a fim de que o busquemos em primeiro lugar, para que ele ocupe a primazia da nossa agenda, o primeiro lugar em nosso coração. O doador é mais importante do que a dádiva. O abençoador é mais importante do que a bênção. Os sonhos adiados nos levam, normalmente, à presença de Deus, ao altar da oração (1Sm 1:10,12,15).

2. DEUS ADIA A REALIZAÇÃO DOS NOSSOS SONHOS PARA NOS ENSINAR QUE DEVEMOS CONSAGRAR DE VOLTA A ELE O MELHOR DO QUE NOS TEM DADO (1Sm 1:27,28). Ana não tem dificuldade de dedicar a Deus seu filho Samuel, porque sabe que ele veio de

PARTE 3 – MENSAGENS AOS PAIS

Deus, é de Deus e deve ser consagrado de volta a Deus. Foi esse entendimento que impediu Ana de fazer de Samuel um ídolo. Foi essa compreensão que a levou a consagrar de volta a Deus o filho que tanto buscava. Muitas vezes, pedimos a Deus uma bênção e, quando a recebemos, apegamo-nos tanto a ela que nos esquecemos do abençoador. Acabamos transformando a dádiva de Deus num ídolo. Mais do que buscar a realização dos nossos sonhos, devemos buscar a realização dos próprios sonhos de Deus para a nossa vida e por meio da nossa vida.

3. DEUS ADIA A REALIZAÇÃO DOS NOSSOS SONHOS PARA NOS ENSINAR QUE OS SEUS SONHOS SÃO MAIORES DO QUE OS NOSSOS (1Sm 1:20). O sonho de Ana foi adiado porque era pequeno demais. Os sonhos de Deus para ela eram maiores e melhores. Ela queria apenas ser mãe e ter nos braços um filho, mas o sonho de Deus era que ela fosse mãe do maior profeta, juiz e sacerdote daquela geração. O plano de Deus era que ela fosse mãe do homem que haveria de trazer a nação de volta à presença de Deus. Às vezes, ficamos impacientes com Deus, pensando que ele se esqueceu de nós ou que está indiferente ao nosso clamor. Nessas horas, precisamos saber que Deus não está longe nem indiferente, mas trabalhando em nosso favor para realizar por nós algo maior e melhor. Os pensamentos de Deus são maiores do que os nossos. Devemos abdicar dos nossos para nos agarrarmos aos dele. Mais importante do que realizar nossos sonhos é viver os sonhos de Deus.

4. DEUS ADIA A REALIZAÇÃO DOS NOSSOS SONHOS PARA NOS ENSINAR QUE ELE É SOBERANO E FAZ TODAS AS COISAS NO SEU TEMPO E CONFORME O CONSELHO DA SUA VONTADE (1Sm 2:6-8). Deus é livre e soberano. Ele age não conforme a pressa da nossa agenda, mas conforme o seu sábio e amoroso propósito. Ele não se deixa pressionar. Ele está no trono e tem as rédeas da História em suas mãos. Ana disse em seu cântico que Deus dá e tira a vida, exalta e também rebaixa. Levanta o necessitado do pó e o faz assentar-se

entre príncipes. Não apenas Deus age conforme o seu propósito, mas, quando age, ninguém pode impedir a sua mão. A doença de Ana era incurável. O problema era insolúvel. Mas, quando Deus se manifestou, ela foi curada, e seu sonho foi realizado. Deus é imutável. Ele fez, faz e fará maravilhas. Ele não abdicou do seu poder. Ele realiza maravilhas ainda hoje. Ele ainda pode fazer que a mulher estéril seja alegre mãe de filhos. Ele pode transformar os nossos desertos em pomares; nossas lágrimas, em fontes de alegria; nossos pesadelos, em sonhos encantadores. Não desista de sonhar os sonhos de Deus, pois o tamanho do seu sonho determina o tamanho do seu Deus.

Mãe, não abra mão de seus sonhos, não abra mão de seus filhos. Mesmo que as dificuldades sejam humanamente intransponíveis, creia no Deus dos impossíveis, e milagres poderão acontecer na sua vida e na vida de seus filhos, para que eles sejam baluartes nas mãos do Senhor.

Pais convertidos a seus filhos

> Ele converterá o coração dos pais aos filhos e o coração dos filhos a seus pais... (Malaquias 4:6).

O profeta Malaquias conclui seu livro falando sobre a conversão do coração dos pais aos filhos e do coração dos filhos aos pais. Essa é uma necessidade vital da família. O que faz um lar feliz não é tanto o lugar onde moramos, mas como vivemos dentro de casa. Relacionamento é mais importante do que coisas. Nenhum sucesso profissional compensa a perda dos filhos. Mas como os pais podem converter seu coração ao coração de seus filhos?

1. TENHA TEMPO PARA SEUS FILHOS (Dt 6:6-9). Quem ama tem tempo para a pessoa amada. Os filhos precisam vir antes dos amigos. Os pais precisam agendar tempo para estar com os filhos. Os pais precisam se interessar pelos assuntos dos filhos: estudos, namoro, conflitos, anseios, frustrações, sonhos e desafios. Os pais precisam aprender a ouvir e a falar com os filhos. Presentes não substituem presença. A maior necessidade dos filhos não é de coisas materiais, mas dos próprios pais.

2. SEJA EXEMPLO PARA SEUS FILHOS (Pv 22:6). Os pais são espelhos para os filhos. Os pais ensinam mais pela vida do que pelas palavras. Um exemplo vale mais do que mil discursos. Os pais ensinam aos filhos não *o caminho,* mas *no caminho* (Pv 22:6). Os pais precisam falar não apenas aos ouvidos de seus filhos, mas

também aos olhos. Quando os pais desobedecem a Deus, geram filhos para o cativeiro (Dt 28:41); no entanto, quando os pais se consagram a Deus e também colocam seus filhos no altar de Deus, as brechas são restauradas, e a nação é abençoada (Is 58:12).

3. SEJA INTERCESSOR POR SEUS FILHOS (Jó 1:5). Antes de falar de Deus a nossos filhos, precisamos falar de nossos filhos a Deus. Orar pelos filhos é uma sublime missão que os pais precisam abraçar. Nossos filhos precisam mais de Deus do que de conforto. A Bíblia diz que Jó intercedia por todos os seus filhos diariamente, de madrugada (Jó 1:5). Mesmo sendo um homem rico e com a agenda congestionada, ele dedicava o melhor do seu tempo para orar pelos filhos. Não abra mão de ver seus filhos no altar de Deus. Seus filhos são herança de Deus (Sl 127:3). Eles são filhos da promessa. Você não gerou filhos para o cativeiro. Lute por seus filhos, chore por eles, ore e jejue por eles, até que sejam coroas de glória nas mãos do Senhor (Is 62:3).

4. NÃO TENHA PREDILEÇÃO POR UM FILHO EM DETRIMENTO DE OUTRO (Gn 25:28). Muitos pais cometem esse grave erro de dar mais valor a um filho do que a outro e elogiar mais um filho do que o outro. Essa atitude gera ciúmes e mágoas; produz revolta e amargura. Isaque e Rebeca cometeram esse erro. Isaque amava mais a Esaú, enquanto Rebeca tinha predileção por Jacó. Essa atitude dos pais colocou um irmão contra o outro e trouxe amargas consequências para toda a família (Gn 27:1-46). Nem mesmo o tempo pôde apagar as desavenças perpetuadas entre as descendências de Esaú e de Jacó. Os pais que agem com sabedoria criam pontes de amizade entre os filhos em vez de cavar abismos. Os filhos são diferentes, têm aptidões, talentos e temperamentos diferentes. Saber lidar com cada um de acordo com sua personalidade é uma arte que os pais precisam cultivar. Os pais podem até exigir dos filhos o mesmo esforço, mas não o mesmo desempenho. Eles são diferentes e devem ser tratados à luz dessa diferença.

PARTE 3 — MENSAGENS AOS PAIS

5. PERDOE SEUS FILHOS (Lc 15:20-24). O exercício do perdão é uma necessidade básica para relacionamentos saudáveis. Nossos filhos falham conosco, e nós falhamos com eles. Por isso, precisamos perdoar uns aos outros. Quando o filho pródigo caiu em si e voltou arrependido para a casa do pai, antes mesmo de terminar a sua confissão o pai o abraçou, beijou e restaurou, festejando a sua volta ao lar (Lc 15:20-24). O perdão é a terapia divina para as feridas da alma. O perdão não é uma questão de justiça, mas de misericórdia. Perdoar é espremer todo o pus da ferida e ficar sarado e liberto da mágoa. Perdoar é viver além das lembranças amargas e sepultar no mar do esquecimento as ofensas recebidas (Mq 7:19). Perdoar é ficar livre e deixar a outra pessoa livre. Há alguns anos, li a dolorosa história de Netinho, um adolescente, filho de pai militar, criado com muito rigor, que foi flagrado pelo professor em uma tentativa de cola em uma prova de geografia. O professor, ao deduzir que Netinho estava tentando colar, tomou-lhe a prova e expôs o caso publicamente diante da turma. O pai foi chamado à escola e colocado a par da situação. Na volta para casa, Netinho tentou em vão conversar com os pais. Eles fecharam completamente o canal de comunicação, dizendo-lhe: "Nós estamos envergonhados de sua atitude. Você não tem o direito de falar conosco nem de olhar em nossos olhos". Passou uma semana, e Netinho, triste e abatido, não conseguia explicar para os pais a situação. Depois de vários dias, enquanto os pais saíram para fazer compras, Netinho, não suportando a dor que assolava seu peito, pegou uma caneta e escreveu uma carta aos pais, dizendo: "Papai e mamãe, perdoem--me esse ato extremo. Mas eu não consegui conviver com a dor de não poder olhar nos olhos de vocês e dizer que eu não sou culpado da acusação do meu professor". Netinho pegou o revólver do pai e deu um tiro na cabeça. Quando os pais chegaram, encontraram-no caído numa poça de sangue, com a carta numa mão e o revólver

na outra. Isso tocou profundamente o meu coração e me deixou uma lição: os pais precisam aprender a ouvir os filhos e perdoá-los.

O valor incomparável de uma mãe

> *Pela recordação que guardo de tua fé sem fingimento, a mesma que, primeiramente, habitou em tua avó Loide e em tua mãe Eunice, e estou certo de que também, em ti* (2Timóteo 1:5).

De todas as missões concedidas ao ser humano na História, nenhuma transcende a maternidade. O grande estadista americano, Abraham Lincoln disse que as mãos que embalam o berço governam o mundo. Peter Marshall, capelão do Senado americano, disse que as mães são as guardas das fontes, aquelas que promovem o bem mesmo permanecendo, tantas vezes, nas sombras do anonimato.

Ser mãe é gerar um outro ser dentro do seu próprio ser. É misturar sua vida com outra vida diferente, mas umbilicalmente jungida ao seu corpo, sua alma e seus sonhos. Ser mãe é doar-se incondicionalmente ao objeto do seu amor. É entregar-se sem reservas a quem nutre no ventre, no seio, nos braços. É correr risco para que o fruto do seu amor seja protegido e guardado do mal. Ser mãe é ser ensinadora, intercessora e protetora. Ser mãe é celebrar com os filhos as suas mais risonhas vitórias e chorar com eles as suas mais amargas tristezas. Ser mãe é ser um vaso de honra nas mãos de Deus para edificar uma família sólida, lançar os fundamentos de uma sociedade mais justa e construir os alicerces de uma grande nação.

A Bíblia faz referência a muitas mães que deixaram um abençoado legado a ser seguido. Joquebede não desistiu de Moisés, seu filho, mesmo estando ele sentenciado à morte antes de nascer. Deus a honrou, e esse filho tirado das águas foi o libertador do seu povo. Ana orou e chorou por Samuel, seu filho, antes de ele ser concebido e consagrou-o a Deus depois de nascido, para vir a ser o maior profeta, sacerdote e juiz de sua geração. Abigail lutou bravamente pela sua casa e livrou seus filhos de grande tragédia, conjugando firmeza e doçura, destreza e prudência. Rispa protegeu seus filhos mesmo depois de mortos e suportou com bravura o calor do dia e o frio da noite, até que eles recebessem um sepultamento digno. Eunice educou Timóteo nas Sagradas Escrituras, dando-lhe o leite da piedade desde sua mais tenra idade, e este jovem veio a ser um grande cooperador do apóstolo Paulo, o maior bandeirante do cristianismo.

Aplaudimos com vívido entusiasmo as conquistas das mulheres em nosso tempo. Por muitos séculos elas tiveram seus direitos diminuídos ou mesmo sequestrados. Porém, nenhum sucesso da mulher compensa o seu fracasso como mãe. Nenhum posto é mais elevado para uma mulher do que o ministério de mãe. Nenhum trabalho é mais importante para a sociedade que o exercício pleno da maternidade. Mãe não é apenas aquela que gera, mas, sobretudo, aquela que nutre, ensina, educa e prepara para a vida.

A mãe cristã é aquela que intercede com fervor pelos filhos, acompanha-os com amor, orienta-os com sabedoria e disciplina-os com firmeza. É aquela que se coloca na brecha em favor dos filhos e não abre mão de vê-los aos pés do Senhor. Chora por eles, jejua por eles, não desiste deles até vê-los salvos e levantados como

PARTE 3 — MENSAGENS AOS PAIS

colunas do santuário de Deus, usados como vasos de honra nas mãos do Senhor.

Mais do que de bens materiais, de sucesso profissional, de conquistas de títulos e honras deste mundo, as famílias precisam de mães que não abram mão de sua trincheira, a trincheira da oração pelos filhos. Quando as mães se prostram diante de Deus em oração, os filhos são levantados por Deus diante do mundo. Quando as mães se tornam reparadoras de brechas, os filhos são levantados como instrumentos de transformação da sociedade. Oh, que as mães sejam sempre mestras do bem, guerreiras de oração, missionárias incansáveis dentro de sua família, a fim de que tempos de refrigério venham da parte do Senhor sobre a igreja, trazendo-nos um poderoso reavivamento espiritual!

Disciplina: como negociar o negociável

> *Ou é pelo teu mandado que se remonta a águia e faz alto o seu ninho? Habita no penhasco onde faz a sua morada, sobre o cimo do penhasco, em lugar seguro* (Jó 39:27,28).

Disciplina é uma palavra fora de moda no mundo pós-moderno. Predomina hoje a liberdade sem fronteiras. A pós-modernidade, sustentada pelo tripé da pluralização, privatização e secularização, ensina que não existe um padrão de conduta absoluto e que cada um deve escolher o seu modo de viver, sem ter de dar satisfação a ninguém por suas escolhas. A disciplina seria uma agressão à individualidade, uma intromissão ao mundo particular, indevassável e não compartilhado. A lei básica que prevalece hoje é: faça o que lhe dá prazer; o importante é você se sentir bem. É proibido proibir. Cada um deve escolher o que mais lhe agrada, sem a interferência de quem quer que seja. Se não existem limites claros sobre o que é certo e errado; se não existem valores absolutos; se tudo é relativo, então a disciplina deve ser aposentada como um expediente arcaico para o tempo pós-moderno.

O resultado dessa cosmovisão é a anarquia, a licenciosidade e a confusão moral. A sociedade moderna está falida moralmente. A família está como um barco à deriva num mar tempestuoso. Os

PARTE 3 – MENSAGENS AOS PAIS

pais estão perdidos, perplexos e confusos vendo a família naufragar. Os filhos, sem parâmetros e balizas orientadoras de disciplina, estão se rendendo a uma licenciosidade perigosa, capitulando à devassidão. Choramos as consequências, mas não diagnosticamos as causas. Combatemos os resultados da crise, mas não lutamos contra os fatores que a geram. Não enxergamos com clareza os princípios que estão por trás das ações. A questão básica é que não apenas a verdade é atacada, mas os pressupostos da verdade foram abalados.

Immanuel Kant, em seu livro *Crítica da razão pura*, questionou a verdade antitética, afirmando que não há verdade absoluta. Kierkegaard, o pai do existencialismo moderno, afirmou que a verdade é subjetiva. Hegel, o famoso filósofo do idealismo alemão, com sua dialética, disse que tudo é relativo. Se assim é, não há espaço para crer em Deus e em sua palavra. John Locke afirmou que o homem é produto do meio, negando, assim, a inclinação para o mal que está dentro do nosso coração. Jean-Jacques Rousseau dizia que o homem é bom por natureza, por isso não há necessidade de correção. Charles Darwin negava a verdade de que o homem foi criado por Deus e sustentava que só os mais fortes e espertos sobreviveriam. Sigmund Freud, o pai da psicanálise, pontuava que a repressão é a gênese de todas as neuroses, por isso a disciplina está na contramão da vida saudável. Auguste Comte, o pai do positivismo, dizia que a sociedade perfeita viria com a educação das massas. O homem não precisa de Deus; precisa de educação. Ora, todos esses afluentes filósofos desaguaram no mar da confusão e da libertinagem. Temos uma sociedade confusa, moralmente perdida, atolada no pântano de seus muitos prazeres, destruída pelas drogas deletérias, pelos vícios degradantes, pela sexualidade desregrada e sem freios.

Mais do que nunca, a bandeira da verdade de Deus deve ser levantada. A falta de disciplina traz corrupção. Onde não há limites, onde não há lei, o povo se degrada. Por isso, a disciplina se faz necessária, porque todos nós temos uma inclinação para o mal. Temos a semente do pecado dentro de nós. A *estultícia está ligada ao coração da criança* (Pv 22:15). A falta de disciplina traz vergonha e desgraça (Pv 13:24). A disciplina deve ser preventiva e interventiva. Deve ser firme e amorosa. Deve ser clara e justa. Deve ser bíblica em sua essência para buscar sempre a correção e restauração do faltoso. Assim, entendemos que disciplina não é nem repressão patológica nem castigo opressor, mas um ato de amor responsável.

A questão básica é saber distinguir o que é inegociável do que é negociável. Muitos pais engolem um camelo e coam um mosquito. Brigam por coisas banais e toleram aberrações. Já no século 5 da era cristã, Agostinho dizia que um pai deve educar seu filho vinte anos antes de ele nascer. Primeiro, devemos ser disciplinados, para depois exercermos com coerência e consistência a disciplina bíblica.

O que podemos tolerar? Onde podemos fazer concessão? Os pais jamais devem abrir mão dos valores absolutos da palavra de Deus. Há coisas que são supraculturais, são princípios eternos de Deus em qualquer tempo e em qualquer lugar. Pecado é pecado em qualquer tempo, em qualquer cultura. Transigir com esses princípios, aceitar o que Deus proíbe, aplaudir o que Deus abomina, amar o que Deus rejeita é insensatez. Por outro lado, há o risco de supervalorizar o que Deus não proíbe. Muitos pais caem nesse extremo do legalismo, do farisaísmo, impondo sobre os filhos regras e mais regras, fardos e mais fardos, oprimindo a vida deles com mandamentos de homens, com hábitos e costumes que não têm nenhuma fundamentação na palavra de Deus. Essa atitude repressiva e opressora produz uma geração emocionalmente doente e espiritualmente fraca.

PARTE 3 – MENSAGENS AOS PAIS

Não existe nenhuma cultura sagrada e pura. Todas elas estão contaminadas pelo vírus do pecado. Não é a cultura que determina o que é santo e profano, o que é certo e errado, mas a palavra de Deus. Seremos julgados não segundo os preceitos e regras da nossa cultura, mas segundo o escrutínio da palavra de Deus. Os fariseus eram legalistas, davam mais valor a preceitos de homens do que aos princípios das Escrituras. Viviam mais preocupados com a aparência diante dos homens do que com a piedade diante de Deus. Estavam mais interessados em arrancar aplausos dos homens do que em receber a aprovação de Deus. Negociavam o inegociável e eram intransigentes com o negociável. Por fora, eram lindos; por dentro, podres.

Há muitos pais que não sabem distinguir o que é essencial do que é secundário. Não sabem dialogar, não sabem ceder, não sabem fazer concessões naquilo que é negociável. Mantêm suas regras e perdem seus filhos. Deixam intactos seus preceitos e destroçam a família. Mais do que nunca, os pais precisam estar perto dos filhos, precisam ser amigos dos filhos. As pressões que os filhos enfrentam hoje são descomunais. As armadilhas são mortíferas. A sedução do prazer é avassaladora. Se o lar não for um quartel-general, um lugar de refúgio, um abrigo contra o temporal, os jovens não resistirão. Os pais precisam investir nos filhos, gastar tempo com eles. Nenhum sucesso compensa o fracasso da família. Os filhos não precisam tanto de conforto, mas de amor. Não de presentes, mas de presença. Não de censura, mas de disciplina amorosa.

A águia tem muito a nos ensinar sobre a disciplina dos filhos (Jó 39:27,28; Dt 32:11). Como pedagoga de Deus, ela nos dá vários princípios fundamentais, dignos de ser observados:

1. Coloca o ninho dos seus filhotes longe dos predadores (Jó 39:27,28). A águia não constrói o ninho dos seus filhotes perto dos predadores. Ela busca os lugares altaneiros para ali

fazer o seu ninho. Muitos pais perdem os filhos porque colocam seu ninho perto de feras perigosas. Como Ló, armam suas tendas para as bandas de Sodoma e Gomorra (Gn 13:10-13). Davi, mesmo sendo um homem segundo o coração de Deus, mesmo tendo vencido um urso, matado um leão, derrotado um gigante, conquistado um reino, perdeu os seus filhos dentro de casa. No ninho do rei, havia uma víbora peçonhenta, chamada Jonadabe, que deu um conselho maligno a Amnom (2Sm 13:3-6). Amnom violentou a própria irmã. Mais tarde, Absalão matou Amnom, conspirou contra o seu pai e foi morto. Salomão, quando assumiu o reinado, matou seu irmão Adonias. Houve estupro, assassinato, conspiração, derramamento de sangue na casa de um homem de Deus, porque ele construiu o ninho de seus filhos perto dos predadores. Pai e mãe, onde vocês estão construindo o ninho dos seus filhos? Onde estão os seus filhos? Quem são os seus conselheiros? Quem frequenta sua casa com os seus filhos?

2. ENSINA SEUS FILHOTES PELO EXEMPLO (Dt 32:11). Muitos pais fracassam na disciplina dos filhos porque ensinam uma coisa e praticam outra. Os filhos não veem coerência na vida dos pais. Quando está na hora de o filhote sair do ninho, a águia começa a voejar sobre o ninho, mostrando-lhe a necessidade de sair para as aventuras da vida. A Bíblia diz que os pais devem ensinar à criança não o caminho em que ela quer andar, nem mesmo o caminho em que ela deve andar, mas *no caminho* em que ela deve andar (Pv 22:6). Ensinar o caminho é algo teórico; ensinar *no caminho* é uma lição de vida. Antes de os pais introduzirem os princípios de vida na mente dos filhos, precisam ter esses princípios no coração. A vida dos pais é a vida do seu ensino.

3. APLICA DISCIPLINA ADEQUADA AOS FILHOTES NA HORA CERTA (Dt 32:11). Quando o filhote da águia não obedece ao comando para voar, e mesmo diante do exemplo se nega a sair do ninho, ela então remove toda a penugem do ninho e deixa apenas

os espinhos e farpas pontiagudas para acicatar os filhotes. Tem hora em que a única linguagem que os filhos entendem é a voz da disciplina. Há muitos pais que estragam seus filhos, superprotegendo-os. A disciplina é um ato de amor. Ela visa o amadurecimento do filho. Ela produz fruto de justiça.

4. VAI ÀS ÚLTIMAS CONSEQUÊNCIAS PARA DISCIPLINAR E DISCIPULAR OS FILHOTES (Dt 32:11). Quando o filhote se recusa até mesmo a atender ao expediente da disciplina, a águia toma uma medida radical. Ela pega o filhote do ninho com as suas possantes garras e arroja-o das alturas em direção ao chão. Ele, que nunca voou sozinho, cai de ponta-cabeça, desesperado, e ela deixa. Quando o filhote está para se espatifar no chão, ela o toma e o leva de volta às alturas, arrojando-o novamente de lá. E faz isso duas, cinco, dez vezes, até que o filhote aprenda a voar sozinho. A lei da águia é: meu filho tem de ser meu discípulo. A águia não desiste do filho. Precisamos aprender esta lição: Não podemos abrir mão dos nossos filhos. Eles são filhos da promessa. Eles são herança de Deus. Não geramos filhos para a morte, nem para povoar o inferno. Nossos filhos são presentes de Deus. Devemos amá-los, disciplina-los, orar com eles e por eles, chorar por eles e jamais abrir mão deles, até que Deus os restabeleça e faça deles uma bênção, uma coroa de glória na sua mão!

Flechas na mão do guerreiro

> *Herança do* SENHOR *são os filhos; o fruto do ventre, seu galardão. Como flechas na mão do guerreiro, assim os filhos da mocidade* (Salmos 127:3,4).

Salmos 127:3,4 descreve os filhos como herança de Deus e também como flechas na mão do guerreiro. Esta última descrição encerra algumas lições inspiradoras que merecem ser exploradas. Os pais são vistos como guerreiros. A vida é uma luta renhida. Viver é lutar. Nessa batalha titânica da vida, não há campo neutro. Na batalha da vida, todos são convocados a lutar. Ninguém pode ficar de fora nem se aposentar. Nessa batalha, os filhos não são vistos como estorvos, mas como bênçãos. Eles são vitais para a sobrevivência, proteção e defesa dos pais. O que a flecha representava para o guerreiro, os filhos representam para os pais. Nesta perspectiva, tal figura sugere pelo menos três lições:

1. A FLECHA, ANTES DE SER USADA, PRECISA SER CARREGADA PELO GUERREIRO (Sl 127:4). O guerreiro carrega suas flechas nas costas. As flechas precisam estar junto do guerreiro. Os pais também precisam carregar seus filhos. Estes precisam de cuidado, carinho, proteção, apoio, encorajamento, disciplina e amor. Os pais têm de suportar os filhos física, material, emocional e espiritualmente. Os pais não podem deixar os filhos desamparados. Os filhos precisam ser carregados. Eles não podem ser abandonados

PARTE 3 — MENSAGENS AOS PAIS

à própria sorte. Os filhos precisam dos pais. Os pais devem investir nos filhos. Devem educá-los, protegê-los, encorajá-los e prepará-los para a vida.

2. A FLECHA PRECISA SER LANÇADA PARA LONGE (Sl 127:4). Um guerreiro carrega a flecha não apenas como um adorno, não apenas para tê-la sempre perto de si; pelo contrário, ele carrega a flecha para lançá-la no momento certo. Não criamos nossos filhos para nós mesmos. Eles devem ser preparados para a vida, e não para viver sempre ao nosso redor. Há um momento em que nossos filhos vão alçar voo para longe de nós. Há um momento em que eles vão sair do ninho e seguir a direção que Deus lhes designar. Nossos filhos devem ser mais filhos de Deus do que nossos. Eles devem realizar mais os sonhos de Deus do que os nossos. Como flechas, eles devem ser lançados para cumprir os propósitos de Deus.

3. A FLECHA PRECISA SER LANÇADA NA DIREÇÃO DE UM ALVO ESPECÍFICO (Sl 127:4). Um guerreiro não desperdiça suas flechas. Ele não as atira a esmo. Antes de lançar suas flechas, o guerreiro define com clareza o alvo que quer atingir. Assim também os pais devem lançar seus filhos na direção de alvos definidos. O grande alvo para o qual devemos direcionar os nossos filhos é a glória de Deus. Nossos filhos devem viver para a glória de Deus. Devem definir a sua vocação para a glória de Deus. Devem estudar para a glória de Deus. Devem se casar para a glória de Deus. Precisamos preparar os nossos filhos para esse glorioso alvo.

Quando esse projeto familiar é executado, os pais não precisam temer os inimigos à porta. Os filhos se tornam vencedores! É tempo de discernirmos que estamos em guerra e que os nossos filhos podem ser armas de vitória ou vítimas indefesas nessa batalha. Pais, nós somos guerreiros. Não descansemos até que nossos inimigos sejam derrotados.

Pai, um homem de valor

> Estas palavras que, hoje, te ordeno estarão no teu coração; tu as inculcarás a teus filhos, e delas falarás assentado em tua casa, e andando pelo caminho, e ao deitar-te, e ao levantar-te (Deuteronômio 6:6,7).

Ser pai é um sublime privilégio, mas também uma imensa responsabilidade. Não basta gerar filhos; é preciso fazer grandes investimentos na vida deles para educá-los e prepará-los para a vida. Muitos homens tornam-se famosos e alcançam o apogeu do sucesso na carreira profissional, mas poucos têm êxito no recôndito do lar. Grandes homens, como Isaque e Jacó, cometeram sérios erros na criação dos filhos. Homens que exerceram sólida liderança espiritual sobre multidões, como Eli e Samuel, não lograram êxito na formação moral e espiritual dos filhos. O maior rei de Israel, Davi, depois de vitórias retumbantes na vida, sofreu as maiores derrotas dentro do lar. Jean-Jacques Rousseau, o filósofo francês que advogou a bondade inerente do homem, enjeitou os seus filhos, negando na prática sua teoria. A paternidade responsável é um grande desafio ainda hoje. Vamos observar, à luz da palavra, alguns princípios importantes para os pais.

1. O PAI É EXEMPLO PARA OS FILHOS (Dt 6:4-7). Antes de um pai ensinar os filhos, ele precisa viver o que ensina. Albert Schweitzer disse corretamente que o exemplo não é apenas uma

forma de ensinar, mas a única forma eficaz de fazê-lo. O pai não pode apenas ensinar o caminho aos filhos, mas ensinar *no caminho* (Pv 22:6). O pai é como um espelho. O espelho, embora mudo, demonstra. Precisamos de pais que sejam modelo de honestidade, de piedade e de vida cheia do Espírito.

O pai é um homem que ama a Deus, vive com Deus e ensina os filhos pelo exemplo (Dt 6:4-6). O livro de Deuteronômio diz que, antes de instruir nossos filhos acerca de Deus, devemos amar a Deus sobre todas as coisas. Antes de inculcar em nossos filhos os preceitos de Deus, devemos ter no coração a palavra de Deus. Não podemos dar o que não temos. Não podemos exigir dos nossos filhos aquilo que não vivemos. Uma das grandes tragédias da família contemporânea é que os pais deixaram de ser modelo para os filhos. Muitos pais tropeçam na palavra e claudicam na conduta. A inconsistência na vida e nas palavras esvazia a autoridade dos pais. Estes precisam ser como espelho para os filhos. O espelho não grita; demonstra. Não faz discurso; revela. Os pais precisam amar a Deus, andar com Deus e ser exemplo para os filhos, se quiserem vê-los andando por essas mesmas veredas.

2. O PAI ENCONTRA TEMPO PARA OS FILHOS (Jó 1:5). Quem ama prioriza. Quem ama encontra tempo para a pessoa amada. Um pai jamais sacrifica o importante no altar do urgente. Tudo à nossa volta tem o apelo do urgente. Mas nem sempre o urgente é importante. Os filhos são importantes. Eles merecem o melhor do nosso tempo, da nossa agenda, da nossa atenção. Se um pai está tão ocupado a ponto de não ter tempo para os filhos, ele está ocupado demais. Na verdade, nenhum sucesso compensa o fracasso do relacionamento com os filhos. A herança de Deus na vida dos pais não é o dinheiro, mas os filhos (Sl 127:3). Presentes jamais substituem a presença do pai. Os filhos precisam dos pais, mais do que de coisas. Jó era um homem rico. Ele tinha uma agenda congestionada. Tinha muitas propriedades, muitos rebanhos e muitos

servos. Mas ele dedicava o melhor do seu tempo para conversar com os filhos e orar por eles (Jó 1:5).

3. O PAI EQUILIBRA CORREÇÃO E ENCORAJAMENTO (Ef 6:4). O rei Davi pecou contra seus filhos porque não gostava de contrariá-los. O sacerdote Eli foi acusado de amar mais os filhos do que a Deus, mas seu amor não era responsável, pois ele foi conivente com o erro de seus filhos e não teve pulso para corrigi-los. Deixar de corrigir os filhos é um grande perigo. Porém, a correção precisa ser equilibrada com encorajamento. Os filhos precisam ser estimulados pelos pais. O elogio sincero e a apreciação dos filhos são ferramentas importantes na sua formação emocional. Os filhos precisam ser amados, protegidos e orientados pelos pais. Correção sem encorajamento é castigo; encorajamento sem correção é bajulação. Ambas as atitudes estão fora do propósito de Deus.

4. O PAI CUIDA DA VIDA ESPIRITUAL DOS FILHOS (Ef 6:4). Não basta ao pai dar teto, comida, roupa, educação e segurança aos filhos. Ele precisa prioritariamente conduzir seus filhos pelos caminhos do Senhor. O pai deve gerar seus filhos não apenas biologicamente, mas também espiritualmente (Sl 78:3-8). Um pai que faz a diferença é como o patriarca Jó, que intercedia todas as madrugadas pelos filhos e os chamava para santificá-los. Precisamos de pais que aspirem não apenas ao sucesso profissional dos filhos e invistam não somente no seu êxito estudantil, mas busquem prioritariamente a salvação de seus filhos. Não basta ter filhos brilhantes; precisamos ter filhos salvos. Não basta ter filhos bem-sucedidos profissionalmente; precisamos ter filhos consagrados a Deus. Nossos filhos devem ser mais filhos de Deus do que nossos. Eles devem ser criados para realizar os sonhos de Deus mais do que os nossos. Eles devem viver para a glória de Deus mais do que para a nossa realização pessoal.

O pai é um homem que se empenha zelosamente na educação espiritual dos filhos (Dt 6:7). O livro de Deuteronômio diz que os pais precisam inculcar na mente dos filhos a palavra de Deus. Essa palavra, "inculcar", significa falar e repetir. Não é um ensino ligeiro e superficial, mas claro, sólido e constante. É falar e continuar falando até imprimir na mente dos filhos as sagradas letras. A educação espiritual dos filhos é de responsabilidade dos pais (Ef 6:4). É o pai que tem o compromisso de criar os filhos na disciplina e admoestação do Senhor. O lar é a grande escola espiritual dos filhos. O lar é a trincheira onde a batalha espiritual pelos filhos é ganha ou perdida. Os pais precisam ter tempo para ensinar, ouvir, orar, chorar e celebrar com os filhos.

5. O PAI SE ESMERA EM ENSINAR OS FILHOS NA DINÂMICA DA VIDA (Dt 6:7-9). O livro de Deuteronômio diz que os pais devem falar com os filhos andando pelo caminho, ao levantar e ao deitar. Não se trata de uma pedagogia engessada, inflexível e enfadonha. Os pais precisam ser criativos na abordagem, sensíveis na metodologia e firmes e consistentes no conteúdo. A verdade não pode ser negociada. Os absolutos de Deus não podem ser relativizados. Dois perigos são aqui apontados: o primeiro deles é mudar a mensagem, o segundo é ossificar os métodos.

Os pais ensinam aos filhos a palavra de Deus quando levantam, quando caminham e quando deitam. Ensinam a palavra, e não conceitos humanistas. Ensinam pelo exemplo, e não pela imposição. Ensinam com leveza, e não com rigidez. O maior investimento que os pais podem fazer na vida é o investimento que fazem nos filhos. O maior investimento que podem fazer nos filhos é inculcar neles a bendita palavra de Deus. A maior alegria dos pais é ver seus filhos andando na verdade. Para alcançarmos essa meta bendita, precisamos de pais crentes, homens fiéis à palavra de Deus, homens de oração, homens de valor!

Mãe, um monumento vivo da graça de Deus

> *Por este menino orava eu; e o* SENHOR *me concedeu a petição que eu lhe fizera* (1Samuel 1:27).

As palavras do nosso vernáculo não são suficientes para enaltecer a sublime missão da maternidade. O amor de mãe é cantado e decantado na poesia e na prosa. No nível humano, nenhum amor transcende o amor de mãe. A mãe se entrega, se doa e investe o melhor do seu corpo, do seu tempo, da sua vida, dos seus recursos e sonhos na vida dos filhos. A mãe é um monumento vivo da graça de Deus. Nas palavras do ilustre pastor presbiteriano Peter Marshall, a mãe é a guardiã das fontes. É ela que, como ninguém, cuida dos filhos, educa-os, ensina-lhes os princípios e valores mais importantes da vida.

A compreensão dessa verdade levou o grande estadista Abraham Lincoln a afirmar que ninguém é pobre se tem uma mãe intercessora. Uma mãe pode ser uma mulher jovem ou idosa, culta ou analfabeta, rica ou pobre, mas será sempre uma mulher influenciadora. Eu, particularmente, devo a vida à minha mãe. Quando ela estava grávida, caiu gravemente enferma. Então, foi colocada diante do dilema de escolher entre sua vida e a minha; de sacrificar-me no ventre ou morrer pelo filho. O médico não via outra saída. Ela, porém, se dispôs a morrer pelo filho em vez de abrir mão dele. Ela disse: "Estou pronta a morrer pelo meu filho e a dar minha vida por ele, mas não estou pronta a abrir mão dele". Nesse momento, ela fez um voto a Deus e disse: "Deus, se tu poupares minha vida e a vida do meu filho, eu o consagrarei a ti para ser um pastor de almas e um pregador da tua palavra". O Senhor ouviu a oração da minha mãe, e eu nasci. Minha mãe, embora mulher simples, que nunca teve o privilégio de sentar-se num banco de escola, ensinou-me as mais profundas lições da vida.

Destaco alguns atributos de uma mãe que se constitui em um monumento vivo da graça de Deus:

1. A MÃE É UMA INTERCESSORA INCANSÁVEL (1Sm 1:26-28). Ninguém ora pelos filhos como as mães. Elas carregam os filhos no ventre e também no coração. Elas, como ninguém, se colocam na brecha em favor dos filhos. As mães nutrem os filhos, choram pelos filhos, acariciam os filhos e oram por eles. Como Ana, mãe de Samuel, as mães oram pelos filhos antes de eles nascerem. Como Joquebede, mãe de Moisés, as mães intercedem pelos filhos para que conheçam Deus na infância. Como Mônica, mãe de Agostinho, as mães não desistem nunca de orar pelos filhos até vê-los aos pés do Salvador. Como Susanna Wesley, mãe do grande avivalista John Wesley, as mães sempre encontram tempo para interceder pelos filhos. Precisamos de mães que dobrem os joelhos em favor dos filhos!

2. A MÃE É UMA EDUCADORA RESPONSÁVEL (Pv 31:26). Embora os maridos sejam os responsáveis pela criação dos filhos na disciplina e admoestação do Senhor (Ef 6:4), as mães ficam mais tempo com eles e são as que mais influenciam na sua formação moral e espiritual. Como Eunice, mãe de Timóteo, elas ensinam aos filhos as sagradas letras. Como a mulher virtuosa, descrita no livro de Provérbios, a palavra da sabedoria e a instrução da bondade estão em seus lábios (Pv 31:26). As mães são como espelho para

os filhos. Elas demonstram mais do que falam. Elas ensinam pelo exemplo mais do que com palavras. Elas são verdadeiras pedagogas que ensinam seus filhos na dinâmica da vida, ao deitar e ao levantar. Elas ensinam seus filhos *no caminho,* e não apenas o caminho. Elas inculcam as verdades eternas na mente de seus filhos, porque antes essas verdades estão em seu coração.

3. A MÃE É UMA HEROÍNA ADMIRÁVEL (2Sm 21:10). Ninguém é capaz de sacrifícios tão grandiosos pelos filhos como uma mãe. Ela está pronta a viver e a morrer pelos filhos. À semelhança de Ana, as mães choram diante de Deus para ter filhos e, depois de recebê-los, os devolvem ao Senhor. Como Rispa, elas protegem seus filhos até mesmo depois de mortos (2Sm 21:10). Uma mãe é aquela que, como a águia, coloca o ninho de seus filhos no alto dos penhascos, longe dos predadores (Jó 39:27), e nunca abre mão deles (Dt 32:11). Uma mãe é uma heroína admirável quando se trata de defender seus filhos, de lutar por eles e vê-los caminhando vitoriosamente na vida. Que Deus nos dê mães intercessoras, educadoras, que, como bravas guerreiras, lutem e chorem pelos filhos até vê-los como coroas de glória nas mãos do Senhor.

O retrato de uma mãe

> *Fala com sabedoria, e a instrução da bondade está na sua língua* (Provérbios 31:26).

O grande estadista norte-americano Abraham Lincoln disse que as mãos que embalam o berço governam o mundo. As mães têm uma grande influência na formação dos filhos, na estruturação da família, na edificação da igreja e na construção da sociedade. Peter Marshall, capelão do Senado norte-americano, em seu célebre sermão "Guarda das fontes", conta a lenda de uma personagem misteriosa que vivia nas matas e cuidava das fontes que abasteciam a cidade. Tudo ali era encantador. Os cisnes desciam nos jardins engrinaldados. As crianças, cheias de vigor, brincavam nas praças sob o alarido dos pássaros. A relva farfalhante cobria-se de borboletas multicores. O arvoredo enchia de verdor e sombras refrescantes as tardes encantadoras. Um dia, porém, a câmara municipal descobriu o salário desse guarda das fontes e resolveu fazer uma contenção de despesas, dispensando o funcionário misterioso e construindo grandes caixas d'água de concreto.

Não tardou para que a água ficasse salobra e lodacenta. As crianças ficaram doentes, e os cisnes voaram para outras paragens. A cidade cobriu-se de tristeza, e a morte mostrou ali sua face carrancuda. Os vereadores, imediatamente percebendo o erro da decisão tomada, contrataram de volta o guarda das fontes, e a vida, a saúde e a alegria voltaram a reinar naquela cidade. Os cisnes retornaram, o passaredo voltou a cantar, as crianças, alegres, brincavam novamente nas praças. O ar se encheu de vera felicidade. As mães são as guardiãs das fontes. Elas, mais do que ninguém, cuidam para que não se acumulem nessas fontes lodo e lixo.

Examinemos alguns aspectos fundamentais do papel da mulher como mãe:

1. A MÃE COMO EDUCADORA (Pv 31:26). Agostinho de Hipona disse que uma mãe deve educar um filho vinte anos antes de ele nascer. Antes de cuidar dos filhos, a mãe precisa cuidar de si mesma. Antes de ensinar os filhos, a mãe precisa educar a si mesma. O exemplo não é apenas uma forma de ensinar, mas a única forma eficaz de fazê-lo. As mães são as verdadeiras guardiãs dos valores morais que devem ser esculpidos na vida dos filhos. Elas são, na linguagem de Peter Marshall, as guardiãs das fontes. As mães devem dar aos filhos não apenas o leite materno, mas também o leite genuíno da palavra, ensinando-lhes as sagradas letras.

Muitas famílias estão transferindo a educação dos filhos para a escola e a igreja. Embora essas instituições exerçam importante papel na educação dos nossos filhos, o lar é o grande instituto formador do caráter. É no recesso do lar que forjamos o caráter dos nossos filhos. É nessa trincheira que a batalha é ganha ou perdida.

2. A MÃE COMO CONSELHEIRA (Pv 31:26). Os filhos precisam não apenas de alimento, roupa, casa e estudos, mas também de orientação. O maior legado que uma mãe pode dar aos filhos não é o que se compra com dinheiro, mas a orientação sábia e os conselhos sensatos que lhes servirão de farol na jornada da vida. A Bíblia diz que a mulher prudente edifica a sua casa e que as palavras de sabedoria estão nos seus lábios. Vivemos num mundo confuso, onde muitas vozes ecoam buscando atrair os jovens, oferecendo-lhes prazeres e sucesso. As mães devem orientar os filhos a seguir o caminho da santidade, e não o da popularidade.

PARTE 3 – MENSAGENS AOS PAIS

O bom nome vale mais do que riqueza. O caráter vale mais do que sucesso. A salvação dos filhos é melhor do que todos os troféus que o mundo pode oferecer.

3. A MÃE COMO INTERCESSORA (1Sm 1:27). Ninguém ora pelos filhos como as mães. Elas têm se colocado na brecha em favor dos filhos, com lágrimas e senso de urgência. Uma mãe é alguém que se sacrifica para ver os filhos salvos. Ela passa noites indormidas e madrugadas insones de joelhos em favor dos filhos para que eles sejam usados por Deus. Bendito é o filho que tem uma mãe intercessora, que, no congestionamento de uma agenda apertada, encontra tempo para estar a sós com Deus. As mães intercessoras falam mais de seus filhos para Deus do que de Deus para seus filhos. Elas não descansam enquanto não veem os filhos sendo restaurados e levantados como coroas de glória na mão do Senhor. Um filho nunca é pobre se tem uma mãe que ora por ele. Mônica orou por seu filho Agostinho durante trinta anos. Ambrósio disse mais tarde que um filho de tantas lágrimas jamais poderia perecer. Agostinho foi o maior expoente da igreja nos séculos, 4 e 5, um homem cujo legado continua influenciando pessoas depois de mais de mil anos. Susanna Wesley, mesmo tendo dezenove filhos, reservava uma hora por dia para orar em favor de sua família. Essa guerreira de oração legou ao mundo John Wesley, o maior avivalista do século 18.

4. A MÃE COMO AMIGA E CONFIDENTE (Pv 31:26). A maioria dos filhos tem liberdade de abrir o coração para a sua mãe. Normalmente, as mães são pessoas sensíveis, compassivas e solidárias. As mães constroem pontes de contato com os filhos e edificam relacionamentos íntimos e duradouros. As mães são amigas de seus filhos, e estes encontram nelas um porto seguro nas tempestades da vida, um oásis nos desertos causticantes da jornada. Bendito é o filho que pode ter uma mãe que o cobre de ternura na hora da sua aflição, que lhe abre os braços na hora da solidão e lhe escancara o coração generoso na hora de sua necessidade.

As crianças, um modelo para os adultos

> ... Deixai vir a mim os pequeninos, não os embaraceis, porque dos tais é o reino de Deus. Em verdade vos digo: Quem não receber o reino de Deus como uma criança de maneira nenhuma entrará nele (Marcos 10:14,15).

As crianças têm lugar de destaque no reino de Deus. Em Marcos 10:13-16, vemos três maneiras de lidar com as crianças. Há aqueles que trazem as crianças a Jesus (Mc 10:13). As crianças não vieram; elas foram trazidas. Devemos ser facilitadores, e não obstáculo para as crianças virem a Cristo. Há também aqueles que impedem as crianças de chegar a Cristo (Mc 10:13). Os discípulos de Cristo demonstraram dureza de coração e falta de visão ao tentarem impedir as crianças de se aproximar de Cristo, mesmo depois de Jesus ter ensinado claramente sobre o assunto (Mc 9:36,37). Os discípulos, em vez de ajudarem as pessoas a trazer as crianças a Cristo, repreendiam-nas. Eles agiram com preconceito. Finalmente, há aqueles que abençoam as crianças (Mc 10:16). Jesus demonstrava amor, cuidado e atenção especial com todos aqueles que eram marginalizados na sociedade. Ele dava valor aos leprosos, aos enfermos, aos publicanos, às prostitutas, aos gentios e, agora, às crianças. O texto de Marcos 10:13-16 ensina cinco grandes verdades.

1. UM ENCORAJAMENTO PARA LEVARMOS AS CRIANÇAS A JESUS (Mc 10:14). Jesus disse: ... *Deixai vir a mim os pequeninos, não os embaraceis, porque dos tais é o reino de Deus* (Mc 10:14). Jesus demonstra afeição às crianças. Ele diz que quem recebe uma criança em seu nome recebe a ele próprio (Mc 9:36,37). Jesus afirma, por outro lado, que fazer uma criança tropeçar é uma atitude gravíssima (Mc 9:42). Agora, Jesus acolhe as crianças, toma-as em seus braços, impõe as mãos sobre elas e as abençoa (Mc 10:16). Devemos levar os nossos filhos a Cristo. Os braços de Jesus estão sempre abertos para acolher as crianças. A igreja deve estar sempre de portas abertas para receber as crianças. Devemos ser facilitadores para as crianças chegarem aos pés do Salvador. Quando uma criança se converte a Cristo, ela tem uma vida inteira para ser consagrada ao Salvador. Quando uma criança se converte a Cristo, muitas lágrimas, decepções e escolhas erradas são evitadas.

2. UMA REPROVAÇÃO DE JESUS AOS QUE ESTORVAM AS CRIANÇAS DE IR A ELE (Mc 10:14). Jesus ficou indignado com seus discípulos quando estes passaram a repreender os que traziam as crianças (Mc 10:14). Ficou indignado quando viu que os discípulos afastaram as pessoas em vez de trazê-las a ele. Esse é o único lugar nos Evangelhos no qual Jesus dirige sua indignação aos discípulos, exatamente quando eles demonstram preconceito para com as crianças. Jesus fica indignado quando identifica o preconceito na igreja. As crianças não apenas podiam e deviam ir a Cristo, mas elas eram exemplo para as demais pessoas. Jesus disse: *Em verdade vos digo: Quem não receber o reino de Deus como uma criança de maneira nenhuma entrará nele* (Mc 10:15). Todas as vezes que ignoramos as crianças ou criamos obstáculos para que elas se acheguem ao Salvador, estamos debaixo da sua severa repreensão.

3. Uma revelação maravilhosa acerca das crianças (Mc 10:14). Jesus é enfático quando afirma: ... *porque dos tais é o reino de Deus* (Mc 10:14). Com isso, Jesus não quis dizer que as crianças são inocentes. O pecado original atingiu toda a raça. As crianças nascem em pecado (Sl 51:5) e têm um coração inclinado para o mal (Pv 22:15). Jesus também não quis dizer que as crianças estão salvas pelo simples fato de serem crianças. O que ele quis dizer é que as crianças vão a ele com total confiança. Elas creem e confiam. Elas se entregam e descansam. Jesus está dizendo que o reino de Deus não pertence aos que se consideram dignos, mas é um presente para os que são como crianças, isto é, humildes e dependentes.

4. Um elogio singular feito às crianças (Mc 10:15). Jesus disse: *Em verdade vos digo: Quem não receber o reino de Deus como uma criança de maneira nenhuma entrará nele.* As crianças não apenas foram recebidas por Cristo, mas também elogiadas por ele como exemplo para os adultos. As crianças demonstram uma fé genuína, uma confiança segura, uma atitude de total dependência. As crianças confiam sem racionalizações. Descansam sem temor. Entregam-se sem reservas. Não devem ser impedidas de ir a Cristo; ao contrário, devem ser colocadas como modelo para os demais.

5. Uma atitude abençoadora dirigida às crianças (Mc 10:16). Jesus não apenas acolhe as crianças e repreende os discípulos, mas toma as crianças em seus braços, impõe sobre elas as suas mãos e as abençoa. Jesus via as crianças como filhas da promessa, como herança de Deus, como alvos do seu amor e como exemplo para todos os que desejam entrar no seu reino. Jesus indignou-se com a atitude preconceituosa dos discípulos, acolheu as crianças e disse que elas são modelos para os adultos. As Escrituras são enfáticas em nos dizer que nossos filhos são herança de Deus (Sl 127:3). Eles são presentes preciosos de Deus, concedidos a nós para que os criemos na disciplina e admoestação do Senhor (Ef 6:4).

Os atributos de um pai

> *Não vos escrevo estas coisas para vos envergonhar;*
> *pelo contrário, para vos admoestar como a*
> *filhos meus amados* (1Coríntios 4:14).

A paternidade bem-sucedida é um dos maiores sinais de vitória na vida de um homem. As pessoas mais felizes não são as mais famosas, mas aquelas que buscam Deus em primeiro lugar e constroem uma família piedosa. Onde pais e filhos estão em conflito, aí impera a maldição. Essa é a mensagem final do Antigo Testamento. Somente a conversão do coração dos pais aos filhos e dos filhos aos pais pode afastar da terra a maldição. Portanto, a paternidade responsável é o mais sublime papel que um homem pode exercer. Grandes homens na Bíblia que ganharam notoriedade falharam como pais. Dentre esses, destacamos: Isaque, Eli, Samuel, Davi e Josafá.

Vejamos a descrição que Paulo faz dos atributos de um pai:

1. O PAI É ALGUÉM QUE GERA (1Co 4:15). Paulo não era pai biológico dos crentes de Corinto, mas os gerou em Cristo. Paulo era o pai espiritual deles. Um pai pode ser adotivo e gerar os filhos no coração, por um amor deliberado. O pai não concebe o filho, mas o gera. Mesmo o filho adotivo é gerado no coração do pai. O pai ama mais o filho do que a si mesmo. Ele dá a sua vida pelo filho. O pai carrega o filho no coração: ele vive os sonhos do filho, carrega-o nos

braços, no bolso, na mente e na alma. O pai é como o guerreiro que leva a sua aljava e, segundo o salmista, é aquele que carrega as flechas, lança-as longe e no alvo certo.

2. O PAI É ALGUÉM QUE NÃO HUMILHA O FILHO (1Co 4:14a). Um pai de verdade nunca expõe o filho ao ridículo, não o humilha perto dos outros, não diminui o seu valor, não o critica negativamente, não achata sua autoestima. Precisamos aprender a falar dentro de casa. Em vez de dizer: "Menino, você é um bagunceiro. Este quarto está uma desordem", é melhor falar: "Filho, este quarto não está arrumado. Você poderia colocá-lo em ordem?" Muitos filhos vivem inseguros porque sempre foram criticados pelos pais. Em vez de criticar, os pais precisam temperar a disciplina com elogio e encorajamento. Precisamos apontar os erros, mas também valorizar as virtudes.

3. O PAI É ALGUÉM QUE TEM CORAGEM PARA CONFRONTAR O FILHO (1Co 4:14b). A admoestação é um sinal de amor. Muitos pais perdem os filhos por não lhes impor limites. Outros amam mais os filhos do que a Deus, como no caso de Eli, e os filhos crescem sem ser confrontados. Outros pais são como Davi: amam os filhos e não querem contrariá-los, por isso deixam de confrontá-los. Na história de Davi a consequência foi dramática: ele perdeu alguns de seus filhos. Outros pais são bonachões. Como eles mesmos não têm limites, consequentemente não sabem orientar e confrontar os filhos. Todos os filhos precisam de limites, de pais que saibam dizer não na hora certa e também sim na hora certa. Ou seja, os filhos precisam de pais.

4. O PAI É ALGUÉM QUE DÁ EXEMPLO (1Co 4:16). O vocábulo que Paulo usou para definir "exemplo" no grego é *mimetai*, de onde vem a palavra "mímica". Com base nisso, é fácil deduzir que os pais precisam ser modelo, exemplo para os filhos. É como se os pais servissem de espelho para os filhos, e um espelho, para ser útil, precisa ser mudo, limpo, reto e iluminado. Outro fator a se considerar é que

PARTE 3 — MENSAGENS AOS PAIS

os pais ensinam mais pelo exemplo do que pelas palavras. Nesse sentido, é como se a palavra falasse e o exemplo gritasse. Então, concluímos que o exemplo não é uma forma de ensinar; é a única.

5. O PAI É ALGUÉM QUE DISCIPLINA OS FILHOS (1Co 4:21a). Quem ama disciplina. Só os bastardos não são disciplinados. A disciplina é um ato de amor, um ato preventivo e também interventivo que produz cura. Ela se assemelha ao procedimento de tirar um tumor que está se formando. Também é fato que a disciplina é usada por Deus, e sabemos que ele nos disciplina porque nos ama. A Bíblia ensina a disciplinar o filho enquanto é tempo. Um filho indisciplinado é a vergonha do pai e o opróbrio da mãe. Portanto, quem disciplina os filhos livra a alma deles do inferno. Muitas vezes a disciplina, no momento, é motivo de tristeza, mas, depois, produz fruto pacífico de justiça. A triste realidade é que a família sem disciplina vira uma anarquia. E uma igreja sem disciplina não é uma verdadeira igreja. Por conseguinte, a disciplina é um ato responsável de amor.

6. O PAI É ALGUÉM QUE DÁ CARINHO AOS FILHOS (1Co 4:21b). Os pais precisam temperar a disciplina com afeto. Precisam aprender a usar a vara e também a beijar os filhos. Os pais podem chorar com os filhos, mas também devem celebrar com eles. O ideal é que os pais sejam pródigos nos elogios aos filhos, respeitando as diferenças entre eles e não os comparando. Os pais não devem gerar nos filhos expectativas inatingíveis, ficando sempre descontentes com o desempenho deles. Imagine um filho que chega em casa todo entusiasmado e diz ao pai: "Papai, tirei 9 na prova de matemática!" O pai, sem esboçar qualquer alegria, vocifera: "Menino, quando você vai tirar 10?" Essa atitude irrita os filhos e os deixa amargurados. Ainda dentro deste ponto, é preciso lembrar que os pais precisam ter tempo para os filhos e não devem pensar que presentes substituem a presença. Além de estar perto, os pais devem manter aberto o canal de comunicação com os filhos,

interessando-se pelos assuntos deles. Hoje, mais do que nunca, os pais precisam colocar os filhos no colo e ministrar ao coração deles o afeto. O certo é que os pais aprendam com Paulo, que chama seus filhos na fé de *amados* (v. 14), e inclusive chama Timóteo de *filho amado* (v. 17).

7. O PAI É ALGUÉM QUE SE ESFORÇA PARA ESTAR PERTO DOS FILHOS (1Co 4:19). O pai é a pessoa que gosta de estar perto dos filhos, que dá prioridade aos filhos e que tem tempo para eles. O mercado global, materialista e consumista exige cada vez mais do nosso dinheiro e do nosso tempo. Com isso, as famílias estão colocando coisas no lugar de relacionamentos. Constantemente os filhos pequenos pedem ajuda aos pais, e estes dizem: "Não tenho tempo". Mas em seguida o telefone toca, eles correm para atender e gastam uma hora nessa conversa. Logo, os filhos descobrem que, para os pais, eles não são tão importantes quanto o telefone, a televisão, os amigos e o trabalho. Portanto, é esperado que os pais invistam mais tempo na família, principalmente nos filhos. É preciso que lembrem que a sua herança não é dinheiro, casa, apartamento e carro, mas sim os filhos, pois a Bíblia afirma que *Herança do* SENHOR *são os filhos* (Sl 127:3). Além do mais, nenhum sucesso compensa o fracasso da família e a perda dos filhos. A palavra de Deus diz que Jó dedicou o melhor da sua vida a Deus e a seus filhos: ele investiu no relacionamento dos filhos; orou diariamente por eles; exortou-os constantemente e ensinou-lhes que a coisa mais importante na vida é glorificar a Deus.

Diante de tudo o que foi dito, pergunto: você tem sido um pai de verdade? O que você poderia mudar em sua vida, em seu relacionamento dentro do lar, em seu compromisso com Deus, em sua agenda, para ser um pai melhor? Você está disposto a investir o melhor do seu tempo, da sua vida, dos seus dons e talentos para abençoar sua casa e seus filhos? Você tem tido o privilégio de gerar espiritualmente os seus filhos?

O ministério das mães

> Lembrado das tuas lágrimas, estou ansioso por ver-te, para que eu transborde de alegria pela recordação que guardo de tua fé sem fingimento, a mesma que, primeiramente, habitou em tua avó Loide e em tua mãe Eunice, e estou certo de que também, em ti (2Timóteo 1:4,5).

Ninguém influencia mais um indivíduo do que sua mãe. Uma mãe pode influenciar para o bem ou para o mal. Influencia para o bem aquela que compartilha a vida com seus filhos na gestação, que amamenta seus filhos na tenra idade, que os ensina a dar os primeiros passos e os educa com sabedoria e bondade. Essas são as mestras do bem, as pedagogas que conduzem os filhos pelas veredas do aprendizado.

É certo que as mães têm um importante ministério. Vejamos quatro traços desse ministério:

1. AS MÃES EDUCAM OS FILHOS ANTES DE ELES NASCEREM. Agostinho de Hipona disse que devemos educar nossos filhos vinte anos antes de eles nascerem. Sendo assim, devemos cuidar de nós mesmos antes de podermos cuidar dos nossos filhos. Certamente as mães se preparam para a maternidade. Sonham com os filhos antes de os gerarem no ventre. Oram por eles antes mesmo de os trazerem ao mundo. Foi assim com a mãe de Sansão. Ela se

preocupou com a educação desse gigante de Deus antes mesmo de ele ser concebido. Com Ana, algo semelhante aconteceu, pois ela orou por Samuel e o consagrou a Deus antes da promessa de seu nascimento. Então, as mães que influenciam os filhos e gestam esperança para a nação são aquelas que veem na maternidade um sacrossanto ministério.

2. AS MÃES SÃO COMPROMETIDAS COM A EDUCAÇÃO DOS FILHOS DESDE O SEU NASCIMENTO. A Bíblia fala de Eunice e de Loide, que educaram Timóteo nas sagradas letras desde a sua infância. Somos informados de que Joquebede, mãe de Moisés, o educou e plantou no seu coração as verdades eternas que governaram a vida desse grande líder nos anos de sua maturidade. A mãe que influencia seu filho pode ser comparada à mulher virtuosa, pois ambas têm ensino de sabedoria e palavras de bondade.

3. AS MÃES SÃO DEDICADAS NA INTERCESSÃO EM FAVOR DOS FILHOS. Um filho que tem uma mãe intercessora nunca é pobre. As mães que se colocam de joelhos diante de Deus em favor dos filhos têm a alegria de vê-los em pé diante dos homens. Mônica, mãe de Agostinho, orou por ele trinta anos, até vê-lo convertido e poderosamente usado por Deus. Ambrósio, referindo-se a Agostinho, disse que um filho de tantas lágrimas jamais poderia se perder. Portanto, as mães não podem desistir de orar pelos filhos. E, uma vez que carregam os filhos no ventre, também devem carregá-los no coração para terem a alegria de vê-los nascendo do Espírito.

4. AS MÃES NÃO ABREM MÃO DA SALVAÇÃO DOS FILHOS. As mães são conscientes de que não geraram filhos para a morte. Não geraram filhos para a perdição. As mães são guerreiras de oração e também missionárias dentro de sua casa. Elas não desistem até ver seus filhos aos pés do Senhor. Elas sabem que não basta dar aos filhos boa educação, segurança e conforto, pois, na verdade, os filhos precisam é de salvação. Mesmo porque o melhor do mundo, sem o presente da salvação, é consumada miséria. De

PARTE 3 — MENSAGENS AOS PAIS

nada adianta ganhar o mundo inteiro e perder a alma. As mães não lutam apenas pelo sucesso dos filhos, mas choram e buscam incansavelmente a salvação deles.

Nossa oração é que Deus levante um exército de mulheres que sejam não apenas belas, famosas, ricas e empreendedoras, mas, sobretudo, mães que inculcam nos filhos a lei de Deus e choram pelos filhos até vê-los como coroas de glória nas mãos do Senhor.

PARTE 4

Mensagens aos filhos

Filhos, escutem seus pais

> *Filhos, em tudo obedecei a vossos pais; pois fazê-lo é grato diante do Senhor* (Colossenses 3:20).

A obediência aos pais é o fiel da balança de uma sociedade ordeira. Quando a família se desintegra, a sociedade se corrompe. Quando os filhos deixam de honrar e obedecer aos pais, o caos se estabelece nas ruas. Não há igrejas fortes nem nação forte sem famílias fortes; e não há famílias fortes onde os filhos não honram nem obedecem a seus pais. Os filhos que obedecem aos pais não apenas poupam a si mesmos de muito sofrimento, mas também usufruem preciosas promessas de Deus. Destacaremos dois pontos acerca desse momentoso assunto.

1. UM MANDAMENTO. A obediência aos pais precisa ser pronta e diligente. Salomão, inspirado pelo Espírito Santo, escreveu: *Filho meu, ouve o ensino de teu pai e não deixes a instrução de tua mãe* (Pv 1:8). A obediência aos pais é uma receita segura para a bem-aventurança. Os filhos que honram os pais e lhes obedecem têm a promessa de uma vida longeva e bem-sucedida. Porém, aqueles que tapam os ouvidos ao ensino e à instrução de seus pais pavimentam o caminho para o desastre. Muitos filhos, seduzidos por más companhias e arrastados por paixões mundanas, enveredam por caminhos sinuosos e caem em abismos profundos. Quantos jovens vivem hoje prisioneiros das drogas, cativos do álcool, presos

no cipoal da impureza porque não escutaram o conselho dos pais. Quantos casamentos desastrosos porque os jovens não ouviram a orientação dos pais no tempo do namoro. Quantos fracassos morais, quantas lágrimas amargas, quantas mortes precoces porque os filhos preferiram ouvir outras vozes a escutar o conselho de seus pais. A desobediência aos pais é um sinal evidente da decadência da nossa geração. O conflito de relacionamento entre pais e filhos é uma prova insofismável do fracasso da nossa civilização. A única forma de termos famílias sólidas, igrejas saudáveis e uma sociedade justa é voltarmo-nos para os preceitos da palavra de Deus, que estabelece como lei moral a necessidade de os filhos obedecerem a seus pais. Sem a conversão dos pais aos filhos e dos filhos aos pais, a maldição torna-se inevitável. Os preceitos de Deus não caducaram. Eles são a única receita para a verdadeira felicidade no lar, na igreja e na sociedade.

2. UMA PROMESSA. A obediência aos pais traz honra aos filhos. Salomão acrescenta: *Porque serão diadema de graça para a tua cabeça e colares, para o teu pescoço* (Pv 1:9). Os filhos que honram os pais e lhes obedecem são bem-aventurados na vida. A obediência é o caminho seguro da longevidade e da prosperidade. Essa disposição de obediência livra os filhos de muitos perigos e adorna a vida deles com muitas honras. O sábio compara essa obediência a um diadema sobre a cabeça e a um colar no pescoço. Ambas as imagens falam de honra e beleza. A obediência aos pais traz honra aos filhos. A obediência aos pais torna a vida dos filhos mais suave, bela e feliz. A obediência aos pais não apenas protege os filhos de perigos mortais, companhias nocivas e lugares escorregadios, mas, também, toma-os pela mão para levá-los a um lugar alto de segurança, a um jardim engrinaldado de felicidade e a uma sala adornada de honra. Filhos, escutem seus pais! Honrem seus pais! Os pais são autoridade de Deus em sua vida. Rejeitar essa autoridade é insurgir-se contra o próprio Deus. Obedecer aos pais é colocar-se

PARTE 4 — MENSAGENS AOS FILHOS

debaixo da autoridade de Deus, que delegou a eles a responsabilidade de criar seus filhos na disciplina e admoestação do Senhor. Você quer ser bem-aventurado na vida? Escute seus pais! Quer fazer um casamento feliz? Escute seus pais! Você quer ser bem-sucedido em sua vida profissional? Escute seus pais! Quer viver de forma maiúscula e superlativa? Escute seus pais!

Filhos, honrem seus pais

> *Filhos, obedecei a vossos pais no Senhor, pois isto é justo. Honra a teu pai e a tua mãe (que é o primeiro mandamento com promessa), para que te vá bem, e sejas de longa vida sobre a terra* (Efésios 6:1-3).

O quinto mandamento da lei de Deus trata da relação dos filhos com os pais. Duas palavras resumem o dever dos filhos para com os pais: obediência e honra. Quando Paulo escreveu a carta aos Efésios, estava em vigência no Império Romano o regime do *patria potestas*. O pai tinha o direito absoluto sobre o filho: podia casá-lo, divorciá-lo, escravizá-lo, vendê-lo, rejeitá-lo, prendê-lo e até matá-lo.

Hoje estamos vivendo o outro extremo. Na década de 1960 irrompeu com os *hippies* uma contracultura. Os jovens se revoltaram contra a autoridade dos pais e se rebelaram contra toda sorte de autoridade institucional.

O apóstolo menciona três motivos que devem levar os filhos a honrar e obedecer aos pais: a natureza, a lei e o evangelho.

1. A NATUREZA (Ef 6:1). *Filhos, obedecei a vossos pais no Senhor, pois isto é justo*. A obediência dos filhos aos pais é uma lei da própria natureza, é o comportamento padrão de toda sociedade. Os moralistas pagãos, os filósofos estoicos, a cultura oriental (chineses, japoneses e coreanos), as grandes religiões, como confucionismo,

budismo e islamismo, defendem também essa bandeira. É antinatural os filhos desobedecerem aos pais. A desobediência aos pais é um indício de decadência moral da sociedade e um sinal do fim dos tempos (Rm 1:28-30; 2Tm 3:1-3).

2. A LEI (Ef 6:2,3). *Honra a teu pai e a tua mãe (que é o primeiro mandamento com promessa), para que te vá bem, e sejas de longa vida sobre a terra.* Honrar os pais é mais do que obedecer-lhes. Os filhos devem não apenas prestar obediência aos pais, mas também devotar-lhes amor, respeito e cuidado. É possível obedecer sem honrar. Na imortal parábola que Jesus contou, o irmão do filho pródigo obedecia ao pai, mas não o honrava. Há filhos que desamparam os pais na velhice. Há outros que trazem flores para o funeral dos pais, mas jamais os presentearam com um botão de rosas enquanto estavam vivos. Honrar pai e mãe é honrar a Deus (Lv 19:1-3). Porém, resistir à autoridade dos pais é insurgir-se contra a autoridade do próprio Deus. Honrar pai e mãe traz preciosos benefícios (Ef 6:2,3). A promessa consiste em prosperidade e longevidade. No Antigo Testamento, as bênçãos eram terrenas e temporais, como a posse da terra. No Novo Testamento, somos abençoados com toda sorte de bênçãos espirituais em Cristo (Ef 1:3). Um filho obediente livra-se de grandes desgostos. Quantos desastres seriam evitados se os filhos ouvissem o conselho dos pais! Quantos casamentos desastrosos jamais aconteceriam se os filhos atentassem para a orientação dos pais! Quantas companhias nocivas, que levam para o abismo, seriam evitadas se os filhos dessem ouvidos aos pais! Quantos namoros turbulentos jamais começariam se os filhos atendessem à orientação dos pais! Obedecer a pai e mãe é um antídoto contra grandes desastres na vida.

3. O EVANGELHO (Ef 6:1). *Filhos, obedecei a vossos pais no Senhor...* O apóstolo Paulo, em Colossenses 3:20, fala que os filhos devem obedecer aos pais em tudo; já em Efésios 6:1 equilibra dizendo que devem obedecer no Senhor. O que Paulo está

ensinando? Os filhos devem obedecer aos pais porque eles mesmos são servos de Cristo. Devem obedecer aos pais por causa do relacionamento que têm com Cristo. Em Cristo, a família é resgatada à plenitude do seu propósito original. Nossos relacionamentos familiares são restaurados porque estamos no Senhor. Porque estamos em Cristo, nossos relacionamentos são governados por ele. Quanto mais servos de Cristo somos, mais harmoniosa será a relação entre filhos e pais. Porque os filhos vivem para a glória de Deus e têm deleite em fazer sua vontade, eles aprendem a obedecer aos pais, porque isto é agradável ao Senhor (Cl 3:20).

Adolescência, tempo de decisão

De que maneira poderá o jovem guardar puro o seu caminho? Observando-o segundo a tua palavra (Salmos 119:9).

A adolescência é um dos períodos mais fascinantes da vida. Tecnicamente, estende-se dos 13 aos 19 anos. Essa é a fase em que os fundamentos lançados na infância ganham visibilidade. É a fase em que o indivíduo corta o cordão umbilical com os pais para assumir paulatinamente uma responsabilidade pessoal. Nesta oportunidade, vamos destacar três aspectos importantes da adolescência: tempo de crescimento, tempo de escolhas e tempo de oportunidades.

1. A ADOLESCÊNCIA É TEMPO DE CRESCIMENTO. É na adolescência que o indivíduo tem os olhos abertos de forma mais plena para o mundo ao seu redor. Três mundos são descortinados diante dos seus olhos:

O conhecimento de si mesmo. O autoconhecimento é o ingresso num universo complexo e cheio de surpresas. O adolescente passa a conhecer de forma mais ampla seu corpo, sua sexualidade e seus sonhos. A adolescência é a fase de transição entre a infância e a juventude. É a dobradiça que faz girar a vida entre a dependência e a independência. É muito comum nesse tempo algumas pessoas se sentirem inadequadas e entrarem em conflito com seu corpo, sua mente, seus hormônios, sua voz, seus sonhos.

O conhecimento dos outros. Na adolescência, há também um rompimento da fase narcisista, na qual o indivíduo só olha para seu umbigo. O adolescente tem seus olhos abertos para enxergar o outro e relacionar-se com o outro. Essa é a fase da coletividade, na qual o indivíduo se desprende da tutela dos pais para se unir ao grupo. O adolescente, normalmente, pensa o que o grupo pensa. Ele pensa, vive e age de forma grupal. Poucos adolescentes conseguem andar sem essa muleta.

O conhecimento do mundo. É na adolescência que muitos precisam bater asas do ninho, sair da casa dos pais para trabalhar, estudar e enfrentar os desafios da vida. É nesse tempo que os rompimentos mais fortes são feitos, pois muitos adolescentes precisam enfrentar a vida sozinhos, sem a presença, a tutela ou o sustento dos pais.

2. A ADOLESCÊNCIA É TEMPO DE ESCOLHAS. A adolescência é uma fase aparentemente ambígua e contraditória, pois, nesse tempo de instabilidade emocional e transição física, as mais importantes decisões da vida podem ser tomadas. Vejamos quais são as principais escolhas feitas nesse período:

As escolhas espirituais. Há estudos que provam que a maioria das pessoas se converte ao evangelho na fase da adolescência. Esse é o tempo das decisões mais significativas da vida. Minha decisão por Cristo se deu quando eu tinha 17 anos. Meu chamado para o ministério também se deu nesse período, aos 18 anos de idade. A adolescência é uma encruzilhada, em que normalmente escolhemos o caminho que vamos percorrer pelo resto da vida. Investir, portanto, na evangelização de adolescentes é uma decisão sábia, pois é nessa fase da vida que fazemos nossas mais importantes escolhas espirituais.

As escolhas vocacionais. A maioria das pessoas se decide na área vocacional no período da adolescência. É no auge dessa fase que os jovens estão concluindo o ensino médio, fazendo o vestibular

PARTE 4 – MENSAGENS AOS FILHOS

e decidindo o seu futuro. A escolha vocacional é vital para a felicidade de uma pessoa.

A distribuição da vocação é mais importante do que a distribuição da riqueza. É por meio da escolha certa da vocação que as pessoas trabalham com mais alegria e produzem resultados mais promissores na vida profissional. O sucesso de uma pessoa depende muito da escolha certa feita na área profissional. Um indivíduo que tem consciência da sua vocação olha para a vida com a visão do farol alto e enxerga o mundo sobre os ombros dos gigantes.

As escolhas sentimentais. Muitas pessoas começam o namoro durante a adolescência. Uma escolha certa pavimenta o caminho para a felicidade. Porém, uma escolha errada nessa área é um desastre de consequências irreparáveis. O melhor é dedicar esse período da vida para uma preparação em vez de investir a vida em namoro precoce. Concentrar-se nos estudos é melhor do que desviar a atenção para um namoro que não está maduro para o casamento. A Bíblia diz que não devemos despertar o amor antes que ele o queira. Namoro não é passatempo. Todo namoro deve ser um investimento sério com vistas ao casamento.

3. A ADOLESCÊNCIA É TEMPO DE OPORTUNIDADES. Destacamos três áreas importantes de oportunidades na vida dos adolescentes:

A oportunidade de investir nos sonhos. Quase todo adolescente tem sonhos. Quem não sonha não vive. Quem desistiu de sonhar desistiu de viver. Os nossos sonhos são os faróis que alumiam o caminho do nosso futuro. Não podemos subestimar os anelos que brotam do coração de um adolescente. O adolescente José do Egito, com 17 anos, foi alimentado por seus sonhos. Nos tempos de crise, seus sonhos nutriram sua alma de esperança. Ele sofreu injustiça em sua casa, na casa do seu patrão e na prisão. Porém, seus sonhos o sustentaram, e ele jamais perdeu de vista a verdade de que era Deus quem governava a sua vida. Saiu da prisão para o palácio e dali tornou-se o provedor do mundo.

A oportunidade de atender aos desafios de Deus. Na adolescência, podemos ouvir a voz de Deus e abraçar grandes desafios na vida. Samuel era ainda muito jovem quando ouviu a voz de Deus e foi desafiado a ser profeta num tempo de crise. Timóteo era jovem, tímido e doente, mas foi exortado a ser padrão dos fiéis e receber o bastão do grande apóstolo Paulo para dar continuidade ao seu ministério. Os adolescentes da igreja precisam abraçar grandes sonhos, projetos e desafios para a glória de Deus e o crescimento do seu reino.

A oportunidade de transformar tragédias em triunfo. O adolescente Daniel foi arrancado da sua terra, da sua família, e levado cativo para a Babilônia. Ele perdeu sua identidade, sua liberdade e sua bandeira. Mas, mesmo em terra estranha, resolveu firmemente não se contaminar. Em vez de ser moldado pelo ambiente, transformou o ambiente. Em vez de ser influenciado, resolveu ser um influenciador. Daniel transformou tragédia em triunfo. Ele se tornou maior do que a Babilônia. Seu nome, seu testemunho e sua influência permanecem eloquentes até os nossos dias. Que Deus nos ajude a ver uma geração de adolescentes com essa mesma fibra; adolescentes cultos, sábios, piedosos, que vão fazer a diferença na História.

Vocação, o farol que ilumina o futuro

> *Tendo eu ouvido estas palavras, assentei-me, e chorei, e lamentei por alguns dias; e estive jejuando e orando perante o Deus dos céus.* [...] *Então, orei ao Deus dos céus e disse ao rei:* [...] *peço-te que me envies a Judá, à cidade dos sepulcros de meus pais, para que eu a reedifique* (Neemias 1:4; 2:4,5).

John Mackay, presidente do Seminário de Princeton, em New Jersey, Estados Unidos, em seu livro O sentido da vida, trata desta questão maiúscula e fundamental para a sociedade: a vocação. Não podemos subestimar esse tema. Ele deve ser discutido no lar, na igreja, na academia e nas mais nobres instituições humanas.

A vocação é um dos sentidos superiores do homem. É o sentido que o leva a realizar com desinteresse e denodo as maiores empresas. Nos momentos sombrios, proporciona-lhe luz; nos transes difíceis, incute-lhe novo ânimo.

Vamos destacar alguns princípios que devem orientar a família no trato dessa magna matéria:

1. A VOCAÇÃO É O VETOR QUE REGE NOSSAS ESCOLHAS (Ne 1:1-4). Vivemos numa sociedade embriagada pelo lucro. As pessoas são valorizadas pelo que possuem, e não pela dignidade do caráter. O dinheiro e o lucro tornaram-se os vetores das escolhas

profissionais. Nessa perspectiva, uma pessoa bem-sucedida não é a que proporciona um bem maior aos outros, mas a que ajunta mais tesouros para si. A ganância insaciável é plantada na mente das crianças. Os livros que abrem avenidas para o enriquecimento rápido multiplicam-se nas prateleiras. No mercado global e consumista, o lucro é o oxigênio que rega os pulmões da sociedade. Mas o prazer de fazer o que se é chamado a fazer e a alegria de estar trabalhando numa área em que a contribuição para a sociedade seja mais importante do que a busca da recompensa financeira precisam ser proclamados aos ouvidos da nossa nação. A riqueza em si não satisfaz, mas o senso do dever cumprido, movido pela alavanca da vocação, traz uma alegria indizível.

Neemias estava ocupando uma alta posição no governo de Artaxerxes. Ele era o copeiro do rei, um cargo de confiança e grande influência. Mas o conforto do palácio não o impediu de abraçar um novo desafio na vida: reconstruir a cidade assolada de seus pais.

2. A VOCAÇÃO É A CONSCIÊNCIA DE ESTAR NO LUGAR CERTO, FAZENDO A COISA CERTA (Ne 2:5). O problema da vocação é talvez o problema social mais grave e urgente, aquele que constitui o fundamento de todos os outros. O problema social não é apenas uma questão de divisão de riquezas, produtos do trabalho, mas um problema de divisão de vocações, modos de produzir. Uma das mais graves questões da sociedade contemporânea é que, de um lado, há grande quantidade de pessoas sem trabalho ou vocação, e, de outro, uma quantidade muito maior dos que não sentem vocação para o papel que desempenham. Muitos carecem de convicção vocacional nos cargos que ocupam. São médicos, advogados, legisladores, funcionários públicos, pastores, professores, estudantes e outros profissionais, de quem não se pode dizer senão isto: exercem sua função profissionalmente. Cada um tem posição, mas nenhuma vocação. Pensam somente nas vantagens que hão de desfrutar, e não no bem que podem fazer. Que tragédia quando

PARTE 4 — MENSAGENS AOS FILHOS

grande quantidade de homens de um país procura cargos, em lugar de vocações! Um indivíduo com senso de vocação tem profundo amor pelo que faz, dedica-se ao que faz e o faz com esmero. Sem vocação, não há paixão nem idealismo na profissão. A maior recompensa de um trabalho não é o lucro pessoal auferido, mas a alegria do dever cumprido e a certeza de que se promoveu o bem maior para um número maior de pessoas.

Neemias estava disposto a deixar o palácio e ir para Jerusalém. Ele pediu ao rei a oportunidade de investir seu tempo, seu dinheiro e sua vida numa causa urgente e perigosa: reconstruir uma cidade assolada e rodeada de inimigos.

3. A VOCAÇÃO PODE SER TANTO UM PENDOR QUANTO UM CHAMADO (Ne 1:1-4). Em geral, encontra-se a vocação por um destes dois meios: o descobrimento de uma capacidade especial ou a visão de uma necessidade urgente, diz John Mackay. O pendor natural de uma pessoa para uma área é um sinal claro da vocação. O vocacionado é aquele que tem alegria de fazer o que faz, por isso tem melhor desempenho no que faz. Seus dotes são demonstrados por ele e reconhecidos pelos outros. Muitas vezes, essa descoberta é feita por meio da leitura de biografias. É na luz dos homens superiores que se deve acender a chama do ideal e perscrutar os horizontes do destino. Enxergamos mais longe quando subimos nos ombros dos gigantes. Inspirar-nos na vida dos heróis é ter a visão do farol alto, é alargar a fronteira dos nossos horizontes.

A vocação, não raro, vem também pelo simples conhecimento de uma grande necessidade. Neemias, ao ser informado sobre a triste condição do povo que regressara da Babilônia, entregue à pobreza e à miséria, deixou seu posto de conforto na cidadela de Susã para ser o restaurador da sua nação. O conhecimento das necessidades à nossa volta nos responsabiliza e muitas vezes pavimenta o nosso caminho rumo ao futuro. A maioria dos grandes benfeitores da humanidade encontrou a vocação ao deparar com uma situação grave que, imperiosamente, reclamava solução. Quase todas as grandes instituições filantrópicas foram fundadas por homens e mulheres que, como Florence Nightingale, fundadora da Cruz Vermelha, descobriram a vocação na tarefa de enfrentar necessidades prementes.

O desafio de ser um jovem modelo

> *Ninguém despreze a tua mocidade; pelo contrário, torna-te padrão dos fiéis, na palavra, no procedimento, no amor, na fé, na pureza* (1Timóteo 4:12).

O apóstolo Paulo ensina que ser jovem não é sinônimo de imaturidade espiritual, mas um desafio a ser padrão dos fiéis. A maturidade espiritual não é medida pela idade que se tem, mas pelo compromisso que se assume com Deus. O jovem pode ser padrão dos fiéis. Em 1Timóteo 4:12, Paulo lista várias áreas da vida nas quais o jovem deve ser um modelo:

1. O JOVEM CRENTE DEVE SER PADRÃO DOS FIÉIS NA PALAVRA. O jovem crente precisa ser verdadeiro e confiável. Sua vida deve referendar suas palavras. Não pode existir um abismo entre o que ele prega e o que vive; entre o que ele fala e o que pratica. O jovem crente precisa ser íntegro e transparente em suas palavras. Ele não pode ser mentiroso nem viver sob o manto da dissimulação. Sua língua não pode ser enganosa nem bajuladora. Sua boca não pode ser uma fonte de palavras torpes, nem sua língua, uma arma venenosa. Pelo contrário, o jovem crente deve falar somente a verdade, palavras que edificam o próximo, que glorificam a Deus e emudecem o inimigo.

2. O JOVEM CRENTE DEVE SER PADRÃO DOS FIÉIS NO PROCEDIMENTO. O jovem crente não pode ser mundano, impuro e entregue às paixões carnais. Ele não pode entregar o seu corpo no altar da lascívia nem os membros do seu corpo à impureza. O jovem crente não rege sua vida pelos valores frouxos do mundo. Não capitula aos desejos da carne, mas foge das paixões da mocidade. O namoro do jovem crente precisa ser santo. Ele não coloca coisas impuras diante dos olhos. Não vive flertando com o pecado nem defraudando o seu próximo. O jovem crente foge dos lugares de perigo. Ele não coloca os pés nas tendas da perversidade, mas busca a plenitude de alegria na casa de Deus. Sua conduta é ilibada, seu viver é irrepreensível, seu testemunho é exemplar, sua vida é um modelo para os fiéis.

3. O JOVEM CRENTE DEVE SER PADRÃO DOS FIÉIS NO AMOR. O jovem crente não é uma pessoa seca e árida sentimentalmente. Não é egoísta nem narcisista. Não faz da vida uma disputa nem uma concorrência. Não se alegra com o fracasso do outro. Ao contrário, ele é capaz de chorar com os que choram e se alegrar com os que se alegram. Sua vida não gravita ao redor dos seus próprios interesses. Ele não tem em vista apenas o que lhe diz respeito. Considera o outro superior a si mesmo. É altruísta. Por trazer na vida as marcas de um verdadeiro discípulo de Cristo, ele pode ser padrão dos fiéis no amor.

4. O JOVEM CRENTE DEVE SER PADRÃO DOS FIÉIS NA FÉ. O jovem crente confia em Deus. Sua confiança não está estribada em sua beleza, força ou poder. O jovem crente é como Davi; enfrenta os gigantes da vida confiado no Senhor dos exércitos. É como os amigos de Daniel; está disposto a enfrentar a fornalha de fogo ardente, menos transigir com a sua consciência. O jovem crente é como Josué e Calebe; agarra-se às promessas de Deus sem duvidar, ainda que todas as vozes ao redor sejam de desânimo.

PARTE 4 — MENSAGENS AOS FILHOS

Ele não apenas crê na palavra de Deus e no Deus dos impossíveis, mas pode ser também padrão dos fiéis na fé.

5. O JOVEM CRENTE DEVE SER PADRÃO DOS FIÉIS NA PUREZA.

O jovem crente é forte. Ele não anda segundo os ditames da carne. Não é regido pelo mundo. Não segue o príncipe da potestade do ar. Foi liberto por Jesus. A palavra de Deus habita nele. Seus valores são os princípios absolutos de Deus. Ele anda na luz. Vive em Jesus. Anda no poder do Espírito Santo. Sua vida é impoluta. Seu procedimento, um farol a conduzir outros a Cristo.

Mel na caveira de um leão

> Depois de alguns dias, voltou ele para a tomar; e, apartando-se do caminho para ver o corpo do leão morto, eis que, neste, havia um enxame de abelhas com mel. Tomou o favo nas mãos e se foi andando e comendo dele... (Juízes 14:8,9).

Sansão foi levantado por Deus num tempo de opressão. Seu nascimento foi um milagre. Ele foi consagrado a Deus como nazireu desde o ventre. Por isso se tornou um portento. Sua força era colossal. Ele era um jovem prodígio, um verdadeiro gigante, homem imbatível. Seu único problema era não conseguir dominar seus impulsos. Um dia, viu uma jovem filisteia e disse a seu pai: ... *Vi uma mulher em Timna, das filhas dos filisteus; tomai-ma, pois, por esposa* [...] *porque só desta me agrado* (Jz 14:2,3). Seu pai tentou demovê-lo, mas Sansão não o ouviu.

Certa feita, caminhando pelas vinhas de Timna, um leão novo, bramando, saiu ao seu encontro, mas Sansão o rasgou como se rasga um cabrito. Depois de alguns dias, passou pelo mesmo local e foi dar uma olhada no corpo do leão. Estava ali, na caveira do leão, um enxame de abelhas. Sansão não pensou duas vezes, pegou um favo de mel nas mãos e foi andando e comendo dele (Jz 14:8,9). Porém, Sansão era nazireu e não podia tocar em cadáver. Ele quebrou, ali, o primeiro voto de sua consagração a Deus. Ele procurou doçura na podridão. Comeu mel da caveira de um leão. Da mesma forma, muitos, ainda hoje, buscam prazer no pecado e procuram doçura naquilo que é impuro. Por isso, perdem a unção, a paz e a intimidade com Deus. A Bíblia diz que um abismo chama outro abismo. Porque Sansão quebrou o primeiro voto do nazireado, abriu a porta para outras quedas. Na festa de casamento, com vergonha de assumir sua posição de nazireu, Sansão deu um banquete; pois esse era o costume entre os moços (Jz 14:10). Sansão preferiu imitar os moços de sua época a posicionar-se como um ungido de Deus. Além de não tocar em cadáver, um nazireu não podia beber vinho. Mas Sansão quebrou mais esse voto de consagração por não ter forças para ser diferente e fazer a diferença. Daí para a frente, sua vida foi de queda em queda. Coabitou com uma prostituta em Gaza (Jz 16:1) e afeiçoou-se a Dalila (Jz 16:4). Essa mulher astuta o seduziu e arrancou-lhe a confissão acerca da origem de sua força. Um nazireu não podia cortar o cabelo, mas a cabeça de Sansão foi raspada. Consequentemente, esse jovem prodígio perdeu sua força. E o Espírito Santo retirou-se dele. Restou-lhe apenas cair nas mãos dos filisteus. Estes lhe vazaram os olhos e escarneceram dele num templo pagão.

Sansão brincou com o pecado, e o pecado o arruinou. Ele não escutou conselhos e fez manobras erradas na vida. Sansão fez pouco caso de seus votos de consagração e perdeu o vigor de seu testemunho. Perdeu sua força e sua visão. Também perdeu sua dignidade e a própria vida. Vocacionado para ser o libertador do seu povo, tornou-se cativo. Porque Sansão desprezou os princípios de Deus, o nome de Deus foi insultado num templo pagão.

A vida de Sansão é um brado de alerta para a nossa geração. Há muitos jovens que, à semelhança de Sansão, não escutam seus pais. Esses jovens, mesmo sendo consagrados a Deus, filhos da promessa, vivem flertando com o mundo, amando o mundo, sendo amigos do mundo e conformando-se com o mundo. Eles procuram mel na caveira do leão. Muitos crentes têm perdido a coragem de ser diferentes. Imitam o mundo em vez de ser luz nas trevas. Fazem suas festas imitando aqueles que não conhecem Deus. Transigem com os absolutos de Deus e entregam-se às aventuras, buscando a satisfação imediata de seus desejos. Esse caminho, embora cheio de aventuras e prazeres, é um caminho de escuridão, escravidão e morte. O pecado é um embuste. Promete prazer, mas traz tormento. Promete liberdade, mas escraviza. Promete vida, mas mata.

Em face dessas verdades, pense bem, pois o pecado o levará mais longe do que gostaria de ir; o reterá mais tempo do que gostaria de ficar; e lhe custará um preço mais alto do que gostaria de pagar.